| 中华典藏 全注全译本 | 国际儒学联合会教育系列丛书 |  |

丛书指导委员会主任
————滕文生 牟钟鉴 董金裕

总主编
————钱 逊 郭齐家

汉唐书局专家委员会审定

〔唐〕李 翰 著
张圣洁 译注

济南出版社　汉唐书局

图书在版编目（CIP）数据

蒙求 /(唐) 李翰著 ; 张圣洁译注. -- 济南 : 济南出版社, 2023.9

（中华典藏）

ISBN 978-7-5488-5894-2

Ⅰ.①蒙… Ⅱ.①李… ②张… Ⅲ.①《蒙求》 Ⅳ.①H194.1

中国国家版本馆CIP数据核字(2023)第182320号

出 版 人	田俊林
丛书策划	付晓丽　冀春雨
责任编辑	李家成
装帧设计	王铭基　谭　正

出版发行	济南出版社
地　　址	济南市二环南路1号
编辑热线	0531—86131747
发行热线	82709072　86131701　86131729　82924885
印　　刷	山东彩峰印刷股份有限公司
版　　次	2024年1月第1版
印　　次	2024年1月第1次印刷
开　　本	170 mm×240 mm　16开
印　　张	9.5
字　　数	130千
印　　数	1—4000册
定　　价	39.00元

（济南版图书，如有印装错误，请与出版社联系调换。联系电话：0531-86131736）

总　序

　　中国共产党的二十大报告指出：我们必须坚定历史自信、文化自信，坚持古为今用、推陈出新，把马克思主义思想精髓同中华优秀传统文化精华贯通起来。2023年2月7日，习近平总书记在学习贯彻党的二十大精神研讨班开班式上发表重要讲话，指出：中国式现代化，深深植根于中华优秀传统文化。

　　中华优秀传统文化的显著特点是启发人的内心自觉，追求的是人的身与心、人与人、人与社会、人与宇宙自然的统一与和谐，表现出人的崇高的精神境界，其思想背后是中国人对天道、天命和道德人格典范的敬畏。中华经典记录了中华优秀传统文化的本和源、根和魂，是构成我们民族文化、民族智慧、民族心灵的庞大载体，是支撑我们民族生存、发展、创新的活水源头，是几千年来维护我中华民族屡经重大灾难而始终不解体的坚强纽带。中华经典是人生教育学典籍，或者说是人生的课本、教材，靠一代代中国人的诵读、解释，并在传承中发展、创造，在极深刻意义上参与塑成了中华民族的历史和生活世界。其中蕴含的天下为公、民为邦本、为政以德、革故鼎新、任人唯贤、天人合一、自强不息、厚德载物、讲信修睦、亲仁善邻等精神，是中国人民在长期生产生活中积累的宇宙观、天下观、社会观、道德观的重要体现，是地地道道的"中国式"。

　　济南出版社·汉唐书局以习近平新时代中国特色社会主义思想为指导，高度落实习近平总书记关于中华优秀传统文化的一系列重要论述，深度理解中华经典的根源与发展，联合国际儒学联合会组织全国中华优秀传统文化相关领域的专家学者，通过深耕细作、潜心编写、精心注译、严谨校对、专业编排，集结成册，向广大读者隆重推出"中华典藏"系列丛书。本丛书包括20种典籍,即《论语》《孟子》《大学》《中庸》《近思录》《周易》《道德经》《诗经》《史记》《孙子兵法》《孔子家语》《三字经》《百家姓》《千字文》《千家诗》《弟子规》《龙文鞭影》《声律启蒙》《笠翁对韵》《蒙求》,除经典原文、注释、大意(译文)外,还根据每部典籍的特点,设置了知识拓展、释疑解惑等。

终身学习、终身教育已经成了这个时代的常态。中华经典是"母乳",是最具纯正、最富营养、最有价值的终身学习资源。中华经典是整体之学,是身心之学,是素养之学,是每一个中国人在这个动荡变革时代中培养定力、安身立命的大宝典。因此,中华经典的受益者不仅仅是在校的老师和学生,还包括各级各类领导干部、工农兵学商等各行各业人员(如企业家、工厂工人、手工业者、新农村建设者、解放军官兵、科研工作者、医务工作者等),以及海外侨胞、留学生。

中华民族的祖先曾追求这样一种境界:为天地立心,为生民立命,为往圣继绝学,为万世开太平。我郑重将"中华典藏"这套普及性丛书推荐给读者,希望我们这个团队经过近十年共同奋斗所凝结的智慧,走向大众,让诵读中华经典的琅琅之声传遍祖国的大江南北,让我们每个人心中有山河,心中有宇宙,心中有父母,心中有圣贤,心中有家国天下,心中有我们中华民族的精神,心中有我们中国人的本心、本性。让我们全民为实现中华民族的伟大复兴与构建人类命运共同体凝聚智慧、贡献力量。

是为序!

郭齐家

2023年2月于北京回龙观寓所

蒙 求

〔唐〕李 翰 著
张圣洁 译注

标音　　注释

闫立君　许占璟　李光裕
李国靖　胡子达

目 录

导读 1

原文 1

附录 136

导　读

学海珍珠　掌故渊薮

《蒙求》是唐代李翰编著的以介绍掌故和各科知识为主要内容的儿童识字课本，现存本于《全唐诗》。

李翰（约736—794），字子羽，唐赞皇县（今属河北）人。唐朝散文家、诗人李华之子。他在天宝十五载（756年）擢进士第。大历五年（770年）许，任左补阙，不久加翰林学士。后免官，寓居阳翟（dí）（今河南禹县）。

李翰为人仗义，乐于助难。"安史之乱"中，他的好友张巡死守睢（suī）阳（今河南商丘），壮烈殉国。奸人却诽谤张巡降贼，还要定罪。李翰撰《张巡传》《张巡中丞传表》，详细记述张巡守睢阳城事迹，上表于肃宗，使肃宗幡然感悟，张巡大节终白于世。世人称李翰为"义士"。

李翰著作多为散文，有《李翰前集》三十卷（已佚），《全唐文》录存其文三卷。

因为《蒙求》读物始于李翰，故后世称之为"李氏《蒙求》"。

《蒙求》取经传故实，编为四言韵语，共五百九十六句，二千三百八十四字。内容包括我国古代天文、地理、历史、神话、医药、占卜、民族、战争、动物、植物等诸多方面，保存着丰富的古代文化资料。书中有典故五百九十二个，有的被广泛应用在诗、词、曲、赋中。

全书所讲的主要是历史人物故事，也包括一些传说人物故事。其中有表现某种可取言行的，有带有激励劝勉意味的，有文学史上脍炙人口的逸闻奇事，如"王商止讹""西门投巫""孙敬闭户""屈原泽畔""绿珠坠楼"等。有很多典故成为后来《三字经》《龙文鞭影》《幼学琼林》取材的来源，如"女娲补天""长（zhǎng）房缩地""杜康造酒""蔡伦造纸"等。从思想内容上看，自然难免有一些宣扬封建思想意识的东西，但跟其他许多蒙书比较，李氏《蒙求》还是属于取材较好、境界较广的一种。

自李翰首创《蒙求》后，蒙书迭出，如《三字经》《百家姓》《千字文》《千家诗》等等，这对于古代启蒙教育有重要的影响。

此次整理，以《全唐诗》存本为底本，参校明万历刻本。

为了帮助读者扫除诵读和理解上的障碍，我们做了如下技术处理：

1. 改繁体字、异体字、旧字形为简化字、正体字、新字形。人名、书名等不宜用简化字、正体字者，则保留原繁体字、异体字。

2. 原文标注汉语拼音。凡须提醒读者特别注意的读音，在释目中再予标注。同时，对注释中的繁难字、生僻字、易误读的多音字、古代读音特殊的专名及某些字词，也酌标拼音。

3. 对原文中所涉及的人名、地名等使用专名号，这对读者准确理解原文内容帮助颇大。

4. 对文中所涉及的历史人物、事件及掌故等，我们核查了上百种相关典籍，做了详而明的注释，避免了引文不确及史实表述不清等弊病。

《蒙求》正文

<u>王戎</u>简要，<u>裴楷</u>清通①。

◎**注释** ①〔王戎简要，裴楷清通〕出自《世说新语·赏誉》。又见《晋书·裴楷传》。晋文帝曾让锺会推荐吏部郎的人选，锺会说："裴楷清通，王戎简要，皆其选也。"王戎，为"竹林七贤"（晋代七位名士：阮籍、嵇康、山涛、刘伶、阮咸、向秀和王戎）之一，为人处世简明切要，不拘成法，官至司徒。简要，为人与处事简约，只注重大节，不溺于庶务。裴楷，河东闻喜（今属山西）人，官至中书令，加侍中。《晋书·裴楷传》："明悟有识量……少与王戎齐名。"清通，清高圆通，不凝滞于物。

<u>孔明</u>卧龙①，<u>吕望</u>非熊②。

◎**注释** ①〔孔明卧龙〕诸葛亮，字孔明，人称"卧龙先生"。三国时期蜀汉丞相，政治家、军事家。

②〔吕望非熊〕吕望，周初军事谋略家。姜姓，吕氏，字子牙。任周初太师之职，被尊为师尚父。因周文王曾说"吾太公望子久矣"，于是"号为太公望"，称吕望，俗称"姜太公"。曾辅佐周文王、武王推翻商纣王的统治，开创西周王朝。《史记·齐太公世家》："西伯（即周文王）将出猎，卜之，曰'所获非龙非螭（chī，古代传说中没有角的龙），非虎非罴（pí，熊的一种），所获霸王之辅'。"结果在打猎时遇到在渭水之滨垂钓的吕望，经交谈，发现他有治国之才，于是"载与俱归，立为师"。

yáng zhèn guān xī, dīng kuān yì dōng
杨震关西①，丁宽《易》东②。

◎**注释** ①〔杨震关西〕杨震，字伯起，东汉弘农华（huà）阴（今陕西华阴）人。博览群书，穷经明理，是当时有名的大儒。相传他五十岁才出来做官，之前讲课授徒三千人，有"关西（华阴在函谷关以西）孔子杨伯起"的美誉。他淡泊名利，为官清廉，安帝时官至太尉。见《后汉书·杨震传》。

②〔丁宽《易》东〕丁宽，西汉学者，梁（今河南商丘南）人。《汉书·儒林传》载，丁宽曾随项生向著名学者田何学《易》。他"读《易》精敏，材过项生"，学成东归。田何对学生们说："《易》以东矣（《易》学的精髓已经被丁宽带到东方去了）。"

xiè ān gāo jié, wáng dǎo gōng zhōng
谢安高洁①，王导公忠②。

◎**注释** ①〔谢安高洁〕谢安，东晋政治家，官至中护军、宰相，陈郡阳夏（jiǎ）（今河南太康）人。曾居会稽，与王羲之、许询、支遁（dùn）等人交往。他谋略过人，处乱不惊。四十岁时指挥淝水之战，大获全胜，名垂青史。高洁，指其早年隐居时"高谢人间，啸咏山林"的品质。见《世说新语》及《晋书·谢安传》。

②〔王导公忠〕王导，琅琊临沂（今山东临沂）人。东晋开国大臣，政治家。司马睿（ruì）在建康称帝，王导任丞相，时称"王与马，共天下"。公忠，指王导三朝为相，总揽国政，出以公心选拔贤才，忠心辅佐元、明、成三帝。见《晋书·王导传》。

kuāng héng záo bì, sūn jìng bì hù
匡衡凿壁①，孙敬闭户②。

◎**注释** ①〔匡衡凿壁〕匡衡，西汉经学家。汉元帝时，官至丞相。凿壁，指凿壁偷光之典。出自《西京杂记》卷二："匡衡勤学而无烛，邻舍有烛而不逮，衡乃穿壁引其光，以书映光而读之。"

②〔孙敬闭户〕孙敬，西汉信都（今河北冀州）人。《太平御览》卷三六三引《汉书》记载他少时好学，"晨夕不休，乃至眠睡疲寝，以绳系头悬屋梁"，常读书通宵达旦。当时邻里称他"闭户先生"。

zhì dū cāng yīng　　nìng chéng rǔ hǔ
郅都苍鹰，宁成乳虎①。

◎**注释**　①〔郅都苍鹰，宁成乳虎〕郅都、宁成是《史记·酷吏列传》中记载的西汉两大"酷吏"。郅都，河东大阳（今山西平陆西南）人。汉景帝时为中尉官，性情耿直，敢于直谏，"行法不避贵戚"，"不发私书，问遗（wèi）无所受，请寄无所听"，是一个"公廉"之人。皇室贵族对他又恨又怕，不敢正眼看他，背后称之为"苍鹰"。后人将他与廉颇、赵奢并列，誉为"战克之将，国之爪牙"。他做雁门太守时，匈奴人因为怕他，直到他死都不敢靠近雁门。苍鹰，天空中疾飞的鹰，凶猛异常。比喻严酷执法之吏。宁成，继郅都任中尉。史书称他"治效郅都，其廉弗如，然宗室豪桀（杰）皆人人惴恐"。民谣唱道："宁（nìng）见乳虎，无直（值）宁成之怒。"乳虎，育子时期的母虎，凶狠无比。比喻酷吏。

zhōu sōng láng kàng　　liáng jì bá hù
周嵩狼抗①，梁冀跋扈②。

◎**注释**　①〔周嵩狼抗〕周嵩，东晋人，官至御史中丞。为人果敢刚直，恃才傲物。《世说新语·识鉴》载，"（周）嵩性狼抗，亦不容于世"。狼抗，又作"狼亢""狼伉"，桀骜不驯。

②〔梁冀跋扈〕梁冀，东汉顺帝时任大将军。顺帝死后，他与其妹梁太后先后

3

立冲、质、桓三帝，专断朝政近二十年。《后汉书·梁冀传》载，汉质帝"少而聪慧，知冀骄横，尝朝群臣，目冀曰：'此跋扈将军也。'"梁冀记恨在心，当天就命人毒死了汉质帝。他贪婪恣肆，害人无数，后被桓帝设谋逼死。

郗超髯参，王珣短簿①。

◎**注释** ①〔郗超髯参，王珣短簿〕郗超，东晋大司马桓温的记室参军，胡须浓密。王珣，桓温的主簿，身材矮小但很受器重。《世说新语·宠礼》载，王珣、郗超并有奇才，为桓温所赏识。人们说此二人："髯参军，短主簿，能令公喜，能令公怒。"又见《晋书·郗鉴传附郗超》。

伏波标柱①，博望寻河②。

◎**注释** ①〔伏波标柱〕伏波，指伏波将军马援，东汉著名的军事家。《后汉书·马援传》载，马援奉诏"南击交趾（古国名，辖境相当于今广东、广西及越南北部），建武十九年（43年）正月，斩徵侧、徵贰两人，乱遂平"。马援就在这里立铜柱作为汉朝的边界，后世称之为"伏波标柱"。标柱，立铜柱为标志。

②〔博望寻河〕博望，指西汉博望侯张骞。张骞出使西域，开辟丝绸之路，因功被封为博望侯。"博望侯"后成为汉朝出使西域使者的通称。寻河，指寻找黄河的源头。《史记·大宛（yuān）列传》载，张骞跟武帝说，他曾到达黄河源头。

李陵初诗^①，田横感歌^②。

◎**注释** ①〔李陵初诗〕李陵，西汉名将李广的孙子。他曾率五千兵马与匈奴八万人马苦战，力竭而降，终老未能归汉。起初李陵与苏武均为侍中。苏武出使匈奴第二年李陵投降。汉昭帝即位后与匈奴和亲，苏武得以归还汉朝。传说李陵于"离别在须臾"之时，写诗为苏武送行。

②〔田横感歌〕田横，战国末齐国君主田氏的后人。因不肯降汉，自刎殉国。后来他的五百宾客一同到田横的坟茔前，"伤之而作悲歌，言人命如薤（xiè，一种叶子细长的草）上露，易晞（xī，干）灭"。事见《史记·田儋（dān）列传》及北宋郭茂倩《乐府诗集·相如歌辞·薤露》题注引晋代崔豹《古今注》、唐代李吉甫《元和郡县图志》等史料。

武仲不休^①，士衡患多^②。

◎**注释** ①〔武仲不休〕傅毅，字武仲，东汉文学家。《后汉书·傅毅传》载，他在汉章帝时为兰台令史，拜郎中，与班固、贾逵等共典校书。不休，"不能自休"的缩略语。三国魏曹丕（pī）《典论·论文》："傅毅之于班固，伯仲之间耳，而固小之，与弟超书曰：'武仲以能属（zhǔ，连缀）文为兰台令史，下笔不能自休。'"

②〔士衡患多〕陆机，字士衡，西晋文学家。《晋书·陆机传》："机……少有异才，文章冠世。""机天才秀逸，辞藻宏丽，张华尝谓之曰：'人之为文，常恨才少，而子更患其多。'"

桓谭非谶^①，王商止讹^②。

◎**注释** ①〔桓谭非谶〕桓谭，东汉哲学家、经学家。因坚决反对谶纬神学，被光武帝目为"非圣无法",险遭处斩。后被贬,出任六(lù)安郡丞,途中病卒。见《后汉书·桓谭传》。谶,这里指谶纬,是汉代流行的迷信。谶是古代巫师或方士制作的一种隐语或预言,作为吉凶的符验或征兆,又名"符谶",有的有图有字,名"图谶"。"纬"对"经"而言,是方士化的儒生编集起来附会儒家经典的各种著作。谶纬起源很早,大体以古代"河图""洛书"的神话传说和西汉董仲舒的"天人感应说"为理论根据,把自然界某些偶然现象神秘化,看作社会安危的决定因素,为封建统治说教。西汉后期盛行。王莽和光武帝就分别利用图谶或"符命"作为"改制"和"中兴"的合法依据。东汉时达到极盛。

②〔王商止讹〕王商,西汉元帝时官右将军。《汉书·王商传》载,汉成帝三年(前30年)的秋天,京都长安城中忽然传言要发大水,长安城就要被水吞没了。城内的老百姓扶老携幼,争相逃命。汉成帝的舅父、大将军王凤也惊慌失措,劝成帝、太后赶快躲到船上去准备撤离。大臣们纷纷附和王凤的意见。只有王商认定这是谣传。成帝采纳了王商的意见,结果城里没见大水,谣言不攻自破。止讹,制止谣言的传播。

嵇吕命驾①,程孔倾盖②。

◎**注释** ①〔嵇吕命驾〕出自《世说新语·简傲》:"嵇康与吕安善,每一相思,千里命驾。"又见《晋书·嵇康传》:"东平吕安服(嵇)康高致,每一相思,辄千里命驾。康友而善之。"命驾,命车夫驾车。

②〔程孔倾盖〕出自《孔子家语·致思》:孔子到郯(tán)国(在今山东郯城北)去,在路上遇到程子,"倾盖而语终日,甚相亲"。倾盖,道上相遇后停车交谈,车上的伞盖靠在一起,稍显倾斜。这里指相知之深而路上相遇交谈融洽。

剧孟一敌①，周处三害②。

◎**注释** ①〔剧孟一敌〕剧孟，西汉豪侠。吴楚"七国之乱"时，曾协助周亚夫在三个月内平定叛乱。《史记·游侠列传》载，周亚夫在前往平叛的路上找到剧孟，"喜曰：'吴楚举大事而不求（剧）孟，吾知其无能为已矣。'天下骚动，宰相得之若得一敌国云"。

②〔周处三害〕周处，字子隐，西晋义兴阳羡（今江苏宜兴南）人。相传年少时为祸乡里，与山中猛虎和水中蛟龙被并称为"三害"。后来他杀虎斩蛟，并在名人陆机、陆云的指点下发愤改过，于是"三害"均除。周处后任新平太守，迁御史中丞。氐（dī）人齐万年起兵时，他率军镇压，战死。见《世说新语·自新》和《晋书·周处传》。

胡广补阙①，袁安倚赖②。

◎**注释** ①〔胡广补阙〕胡广，字伯始，东汉名相。为六朝元老，居官三十余载。他死后，灵帝亲主丧事。《后汉书·胡广传》："（广）虽无謇（jiǎn）直之风，屡有补阙之益。故京师谚曰：'万事不理问伯始，天下中庸有胡公。'"补阙，匡补君王的缺失。

②〔袁安倚赖〕袁安，东汉大臣。他忠正刚直，每到一个地方做官，都很受当地人敬畏。东汉末年，皇室衰微，外戚专权，群臣敢怒而不敢言。当时，代第五伦为司空、代桓虞为司徒的袁安则挺身而出，与外戚抗争，"自天子及大臣皆倚赖之"。见《后汉书·袁安传》。

huáng bà zhèng shū，liáng xí zhì zuì

黄霸政殊①，梁习治最②。

◎ **注释** ①〔黄霸政殊〕黄霸，西汉宣帝时任扬州刺史、颍川太守。为政外宽内明，发展农业，普及教育，政绩卓著。后为太子太傅、御史大夫、丞相，封建成侯。后世将他与龚遂作为"循吏（奉法循理之吏）"的代表，称为"龚黄"。见《汉书·循吏传》。

②〔梁习治最〕梁习，三国魏人。曹操任命他为并（bīng）州刺史，封关内侯。魏文帝继位，又做并州刺史，封申门亭侯。其政绩常为当时天下州郡之最。太和二年（228年），出任大司农。在任二十余年，推行曹操的屯田制，使得"边境肃清，百姓布野，勤劝农桑，令行禁止"。见《三国志·魏书·梁习传》。

mò zǐ bēi sī，yáng zhū qì qí

墨子悲丝，杨朱泣岐①。

◎ **注释** ①〔墨子悲丝，杨朱泣岐〕三国魏阮籍《咏怀》："杨朱泣歧路，墨子悲染丝。"墨子，名翟（dí），战国时期鲁国人，著名思想家、教育家、军事家，墨家学派的创始人。后代尊称为墨子。墨子见人染丝而叹息，因为它可以被染成黄色，也可以被染成黑色。见《墨子·所染》。杨朱，战国初期魏国人，哲学家。反对儒墨，主张贵生、重己。他的见解散见于《庄子》《孟子》《韩非子》《吕氏春秋》等书。泣岐，《淮南子·说林训》："杨子见岐路而哭之，为其可以南，可以北。"岐，通"歧"，岔路。

zhū bó wū jí，xiāo zhī zhì suí

朱博乌集①，萧芝雉随②。

◎ **注释** ①〔朱博乌集〕朱博，西汉杜陵（今陕西西安东南）人，封阳乡侯。朱博是位很能干的官员，事迹见《汉书·朱博传》。汉成帝时，何武是九卿之一，他建议说:"现在政事繁杂,而丞相一个人兼任三公的职事,什么也办不好。应该选拔御史大夫充任大司空(而当时何武正任御史大夫),分担丞相的政务。"当时皇上听从了何武的建议后,御史府的水井都干涸了;又御史府中有众多的柏树,常常有数千只乌鸦栖息在上面,晨去暮来,称为"朝夕乌"。因何武的自私行为,乌鸦飞走后几个月没有回来,年长的人对此感到非常惊异。朱博任大司空后,就反对何武的建议,认为御史大夫职位也很重要,不能随意改变,并自愿降任御史大夫。

②〔萧芝雉随〕萧芝,西晋初大臣。东海兰陵(今山东兰陵)人,萧何的十五世孙。萧广济《孝子传》载,萧芝为人非常孝顺。他任尚书郎时,有几十只山鸡在他家"饮啄宿止"。他去上朝时,这些山鸡把他送到岔路口。后以"雉随"为孝子之典。

dù hòu shēng chǐ　　líng wáng chū zī
杜后生齿①,灵王出髭②。

◎ **注释** ①〔杜后生齿〕杜后,东晋成帝的皇后。《晋书·后妃传下》载,杜皇后是镇南将军杜预的曾孙女。咸康二年(336年),成帝"备礼拜为皇后,即日入宫"。杜后年少时有姿色,但不长牙齿,有来求婚的听说她没牙,就打消了求婚的念头。然而奇怪的是,"及帝纳采之日,一夜齿尽生"。

②〔灵王出髭〕赵武灵王,战国时期赵国国君。他推行"胡服骑射",使国力增强。《左传·昭公二十六年》:"至于灵王,生而有髭。"髭,嘴唇上边的胡子。

jiǎ yì jì fú　　zhuāng zhōu wèi xī
贾谊忌鵩①,庄周畏牺②。

◎ **注释** ①〔贾谊忌鵩〕贾谊,西汉初杰出的政治家、思想家和文学家。文帝时被荐为博士,二十岁就任太中大夫。因为他提出的政治主张触犯了朝中旧臣的利益,所以遭到排挤,被迫离开朝廷,做长沙王的太傅。一天,有一只鵩鸟飞进贾谊的屋里,落在他座位的旁边。鵩鸟长得像猫头鹰,被认为是不祥之鸟。贾谊预感到自己活不了多久了，于是作了《鹏鸟赋》。后来贾谊做文帝幼子梁怀王的太傅，怀王不幸坠马身死，贾谊深深自责，郁郁而终，年仅三十三。见《史记·屈原贾生列传》。

②〔庄周畏牺〕庄子，名周，战国时期宋国蒙（今河南商丘东北）人，哲学家。牺，指牺牛，即做祭品用的毛色纯一的牛。语本《庄子·列御寇》："或聘于庄子，庄子应其使曰：'子见夫牺牛乎？衣（yì）以文绣，食（sì）以刍菽，及其牵而入于太庙，虽欲为孤犊，其可得乎？'"意思是应召受重用的人才就像养起来用于祭祀时宰杀的牛，早晚有性命之忧，不如浪迹江湖、淡泊自守、自由自在。

yān zhāo zhù tái，zhèng zhuāng zhì yì
燕昭筑台①，郑庄置驿②。

◎**注释** ①〔燕昭筑台〕燕昭，即战国时期燕国第三十九代君主。昭王台，即黄金台，又称金台、燕台，是昭王为招请天下贤才而修筑的，台上置放千金。故址在今河北易县东南。

②〔郑庄置驿〕《史记·汲郑列传》载，郑当时，字庄，西汉景帝时为太子舍人。平时放置驿马在长安诸郊，用来接送慰问故人老臣，细心周到。

guàn jìng èr miào，yuè zhàn lián bì
瓘靖二妙①，岳湛连璧②。

◎**注释** ①〔瓘靖二妙〕瓘，指卫瓘，西晋武帝时任尚书令。靖，指索靖，西晋武帝时任尚书郎。二人均善草书，时人号为"一台（台，指尚书台。汉代称尚书为中台，御史为宪台，谒者为外台，合称三台）二妙"。见《晋书·卫瓘传》。

②〔岳湛连璧〕岳，指西晋文学家潘岳。湛，指西晋文学家夏侯湛。二人关系很好，又都是美男子，出行时，常同乘一辆车，入室常同坐一张席，人称"连璧"。见《晋书·夏侯湛传》。

qiè shēn yì zhī　　dài píng chóng xí
郤诜一枝①，**戴凭重席**②。

◎**注释** ①〔郤诜一枝〕也作"郤诜丹桂"。《晋书·郤诜传》载，西晋郤诜举贤良对策，为天下第一。"武帝于东堂会送，问诜曰：'卿自以为何如？'诜对曰：'臣举贤良对策，为天下第一，犹桂林之一枝、昆山之片玉。'帝笑。"后用"郤诜丹桂"比喻科举及第。

②〔戴凭重席〕《后汉书·儒林传》载，东汉戴凭熟习《京氏易》。十六岁时，从汝南郡举明经，征试博士，拜郎中。"正（zhēng）旦朝贺，百僚毕会，（光武）帝令群臣能说经者更（gēng）相难（nàn，问难，反复质问、辩论）诘，义有不通，辄夺其席以益通者，凭遂重坐五十余席。故京师为之语曰：'解经不穷戴侍中。'"

zōu yáng cháng jū　　wáng fú féng yè
邹阳长裾①，**王符逢掖**②。

◎**注释** ①〔邹阳长裾〕邹阳，西汉散文家，齐人。文帝时，为吴王刘濞（bì）门客，以文辩著名于世。吴王阴谋叛乱，邹阳上书谏止，其中有"饰固陋之心，则何王之门不可曳长裾乎？〔饰，整饬（chì），掩饰。固陋，浅薄偏狭，自谦之词。长裾，儒者之服。曳长裾，与'长揖（而非跪拜）王侯'义近，意谓与王侯相抗礼。〕"（《文选》卷三十九）裾，旧注都认为是衣服的前襟或后襟，其实这是两千来年的一个误解。长沙马王堆一号汉墓的考古发现解决了这个疑问。原来，中国古代的深色衣裳类似长袍，但因为卷在身体上的方式的差别，最后一层即在外面那层的衣边有的是直的，叫直裾，有的是斜的，叫曲裾。曲裾很长，穿深色衣裳时会被缠绕到背后，即所谓的"后裾"。长裾指的就是这个意思。

②〔王符逢掖〕王符，东汉哲学家。一生隐居著书，讥评时政得失，著《潜夫论》三十余篇。《后汉书·王符传》载，"度辽将军皇甫规解官归安定"，乡人中有做过雁门太守退休还家的人前来拜访，"（皇甫）规卧不迎"。不一会儿，王符来访，皇甫规"乃惊遽而起，衣不及带，屣履出迎，援符手而还，与同坐，极欢"。当时人们谈论此事说："徒见二千石（shí），不如一缝掖。"逢掖，也作"缝掖"，大袖单衣，古儒者所穿的衣服，借指儒者。

míng hè rì xià, shì lóng yún jiān

鸣鹤日下，士龙云间^①。

◎**注释** ①〔鸣鹤日下，士龙云间〕荀隐，字鸣鹤，洛阳人；陆云，字士龙，松江（今上海松江）人。二人均为西晋文学家。《世说新语·排调（tiáo）》载：荀隐与陆云不相识，一次在张茂先家碰上。张叫他们二人互作自我介绍，但不能用一般人的套话。于是，陆举手说："云间陆士龙。"荀答道："日下荀鸣鹤。"一问一答，构成天然之对偶。云间，松江（区）的古称。因为风从虎，云从龙，所以才思敏捷的陆士龙自称籍贯为"云间"。荀隐是洛阳人，而洛阳是西晋都城。古代以帝王比日，所以称皇帝所在之地为"日下"。

jìn xuān láng gù, hàn zǔ lóng yán

晋宣狼顾^①，汉祖龙颜^②。

◎**注释** ①〔晋宣狼顾〕晋宣，指晋宣帝，即司马懿（yì），三国时期魏国政治家、军事家。他曾任曹魏的大都督、太尉、太傅，是辅佐了魏国三代的托孤重臣，后期全权掌控魏国朝政。他多次亲率大军成功对抗诸葛亮的北伐。其孙司马炎称帝后，追尊他为晋宣帝。狼顾，出自《晋书·宣帝纪》：曹操听说司马懿"有狼顾相，欲验之。乃召使前行，令反顾，面正向后而身不动"，形似狼。据说有这种相貌的人阴险善变，贪婪残忍。狼顾，狼回头看的形态。

②〔汉祖龙颜〕出自《史记·高祖本纪》："高祖为人，隆准而龙颜，美须髯。"龙颜，谓眉骨圆起，是帝王之相。汉高祖刘邦在秦朝时曾担任泗水亭长，在秦末农民战争中起义，乘项羽与秦军主力在巨鹿决战，率军入关。公元前206年被项羽封为汉王。前202年称帝，定国号为"汉"。

鲍靓记井①，羊祜识环②。

◎**注释** ①〔鲍靓记井〕《晋书·艺术传》载，东晋广东南海郡太守鲍靓五岁时，曾对父母说："我本是曲阳李家的儿子，九岁时掉到井里淹死了。"他的父母寻访到曲阳李家，经查问果然如此。

②〔羊祜识环〕羊祜，西晋军事家和政治家。《晋书·羊祜传》载，羊祜五岁时，"令乳母取所弄金环"。乳母说："汝先无此物。"羊祜即在邻居李家东墙边的"桑树中探得之"。主人李氏惊曰："此吾亡儿所失物也，云何持去！"乳母把情况说明后，"李氏悲惋"。当时人们对这件事都感到很惊异，说李家死去的孩子就是羊祜的前身。

仲容青云①，叔夜玉山②。

◎**注释** ①〔仲容青云〕阮咸，字仲容，西晋陈留尉氏（今属河南）人，"竹林七贤"之一，善弹琵琶。《昭明文选·五君咏五首·阮始平》："仲容青云器，实禀生民秀。达音何用深？识微在金奏。"唐代李善注："青云，言高远也。《史记》太史公曰：'夫闾巷之人，欲砥行立名者，非附青云之士，恶（wū，怎么）能施于后代哉！'"

②〔叔夜玉山〕嵇康，字叔夜，三国时曹魏文学家、思想家、音乐家，"竹林七贤"之一。《世说新语·容止》载，嵇康身长七尺八寸，风姿特秀。山涛曾说他站立时"若孤松之独立"，喝醉了酒则"若玉山之将崩"。

毛义捧檄①，子路负米②。

◎**注释** ①〔毛义捧檄〕毛义，东汉末庐江（今属安徽）人。自幼丧父，家境贫寒，年少时便为他人放牧为生，母子相依为命。母病伺候汤药，曾割股疗疾。以孝行称著乡里，被举为贤良。朝廷得知，送檄文赏封他为安阳县令。为了安慰母亲，毛义迎至临仙桥喜接檄文。然时隔不久母亲病逝，朝廷派人专车前来看望，毛义却跪拜于临仙桥上，将原赏封安阳县令的檄文双手捧还，不愿为官。葬母后隐居山野。见《后汉书·刘平传序》。

②〔子路负米〕子路，即孔子的学生仲由，也叫季路。《孔子家语·致思》载，子路曾对孔子谈起自己于父母亲在世时，"常食藜藿之食，为亲负米百里之外"。而现在，"积粟万钟"，"列鼎而食"，可双亲都已过世，再想"食藜藿，为亲负米，不可复得也"。孔子说他尽孝"可谓生事尽力，死事尽思者也"。

jiāng gé zhōng xiào　　wáng lǎn yǒu tì
江 革 忠 孝①，王 览 友 弟②。

◎**注释**　①〔江革忠孝〕江革，东汉临淄（今属山东）人。少年丧父。遭遇战乱，背着母亲逃难。几次"遇贼"，江革"泣告有母在，贼不忍杀"。后来他客居在下邳(pī)，穷到没衣穿，光着脚，给人当佣工，但"母便身之物，莫不毕给(jǐ)"。人称"江巨孝"。曾举孝廉，任五官中郎将、谏议大夫。其事迹见《二十四孝》。

②〔王览友弟(tì)〕《晋书·王览传》载，王览的母亲朱氏经常虐待王览同父异母的哥哥王祥，王览便想方设法保护哥哥。他刚四岁时，见哥哥挨打，就哭着护住哥哥，不让母亲打。朱氏逼着王祥去干力所不能及的活儿，王览就跟哥哥一起去。朱氏怕王览累坏了，不得不放弃这种做法。王祥"丧父之后，渐有时誉。朱深疾之"，便想用毒酒杀死王祥。王览得知后便与哥哥抢酒杯。朱氏怕毒死亲儿，就抢过酒杯把毒酒倒掉。从此，"朱赐（王）祥馔，（王）览辄先尝。朱惧览致毙，遂止"。弟，通"悌"，尊敬兄长。

<u>萧何</u> xiāo hé 定律①，<u>叔孙</u> shū sūn 制礼②。

◎ **注释** ①〔萧何定律〕萧何，西汉初名相。《汉书·刑法志三》载，高祖初入关，约法三章曰："杀人者死，伤人及盗抵罪。""其后四夷未附，兵革未息，三章之法不足以御奸"，于是萧何参考秦法，"取其宜于时者"，制定了《九章律》(《盗律》《贼律》《囚律》《捕律》《杂律》《具律》，增加《户律》《兴律》《厩律》)。

②〔叔孙制礼〕叔孙，指叔孙通，西汉儒者。汉朝刚建立时，刘邦把秦朝的烦琐礼仪废除，力求简易。可是大臣们在朝堂上经常做出失礼的行为，如饮酒争论、醉后喧哗，甚至拔剑击打宫殿的支柱。刘邦对这种情况渐渐感到不满，叔孙通便建议制定宫廷礼仪。得到刘邦的同意后，叔孙通到鲁国故地征召约三十名儒生到长安，协助制定及演习宫廷礼仪。经过实际演习，刘邦高兴地说："吾乃今日知为皇帝之贵也。"于是拜叔孙通为太常，赐金五百斤。

<u>葛丰</u> gě fēng 刺举①，<u>息躬</u> xī gōng 历诋②。

◎ **注释** ①〔葛丰刺举〕出自《汉书·诸葛丰传》：西汉元帝时，司隶校尉诸葛丰"刺举（检举揭发）无所避"。

②〔息躬历诋〕息躬，即息夫躬。《汉书·息夫躬传》载，西汉息夫躬"数（shuò，多次、屡次）进见言事，论议亡（wú，无）所避。众畏其口，见之仄目"。他曾上疏哀帝，逐个指责公卿大臣，说："方今丞相王嘉健而蓄缩，不可用；御史大夫贾延堕弱不任职；左将军公孙禄、司隶鲍宣皆外有直项之名，内实骏（dāi，'呆'的异体字，旧读 ái）不晓政事……"历，遍，一个一个地。诋，指责。

<pre>
guǎn níng gē xí   hé jiào zhuān jū
  管 宁 割 席①，和 峤 专   车②。
</pre>

◎**注释** ①〔管宁割席〕管宁，东汉末北海朱虚〔今山东临朐（qú）东南〕人。避世乱于辽东三十余年，后还乡入魏，朝廷屡次请他出来做官而不就，以布衣终老。《世说新语·德行》载，管宁、华（huà）歆（东汉桓帝时任尚书令，入魏后官至太尉）"尝同席读书，有乘轩冕过门者，（管）宁读如故，（华）歆废书出看。宁割席分坐，曰：'子非吾友也。'"

②〔和峤（jiào）专车（jū）〕和峤，字长舆，西晋大臣。《晋书·和峤传》载，和峤为人，珍重自爱。做颍川太守时，"为政清简，甚得百姓欢心"。后迁中书令，武帝十分器重他。当时荀勖（xù）为秘书监（jiàn）。晋朝秘书监与中书令常同乘一车入朝，和峤鄙视荀勖的为人，遂乘坐专车，不与荀勖同车。

<pre>
shí miáo liú dú   yáng xù xuán yú
  时 苗 留 犊①， 羊   续 悬 鱼②。
</pre>

◎**注释** ①〔时苗留犊〕出自《三国志·魏书·常林传》裴松之注引《魏略·清介传》：东汉末年的寿春县令时苗在任一年多，他上任时带来的牛生了一只牛犊。他离任时，把牛犊留在寿春。他对主簿说："我来时本没有这只牛犊，牛犊是在寿春出生的。"

②〔羊续悬鱼〕出自《后汉书·羊续传》：东汉羊续任南阳太守时，下属曾送给他活鱼，羊续收下后便悬挂在庭中。后来这位下属又来献活鱼，羊续便让他看挂在庭中的鱼，"以杜（杜绝）其意"。人称"悬鱼太守"。

<pre>
fán kuài pái tà   xīn pí yǐn jū
  樊 哙 排 闼①， 辛   毗 引 裾②。
</pre>

◎**注释** ①〔樊哙排闼〕樊哙，西汉开国将领。《史记·樊哙传》载，黥（qíng）

布反叛时,高祖有病在身,告诉守门人不让群臣进屋。十多天内,连一些开国重臣都不敢进屋。樊哙以国事为重,排闼(推开宫中内门)直入,大臣们跟着他一起进屋,看到高祖"独枕一宦者卧。哙等见上,流涕曰:'始,陛下与臣等起丰、沛,定天下,何其壮也!今天下已定,又何惫也!且陛下病甚,大臣震恐;不见臣等计事,顾独与一宦者绝乎!且陛下独不见赵高之事乎?'高帝笑而起"。

②〔辛毗引裾〕辛毗,字佐治,颍川阳翟(今河南禹州)人,文帝时赐爵关内侯。《三国志·魏书·辛毗传》载,魏文帝打算把冀州士家十万户迁移河南。当时蝗灾严重,百姓都没粮食吃,"群司以为不可,而帝意甚盛"。辛毗与朝臣都到朝中劝谏,文帝"作色以见之,皆莫敢言"。辛毗直言不讳地指出这种做法不对。文帝说:"吾不与卿共议也。""起入内"。辛毗紧随其后,"引其裾(拽着他的袍子边儿)"。文帝"奋衣不还",半天才走出来,说道:"辛佐治,你逼我何必这么急呢?"辛毗说:"今徙,既失民心,又无以食也。"文帝最终让步,答应只迁五万户。

sūn chǔ shù shí　　hǎo lóng shài shū
孙　楚　漱　石①,**郝　隆　晒　书**②。

◎**注释**　①〔孙楚漱石〕孙楚,西晋诗人。史称其"才藻卓绝,爽迈不群"。孙楚年轻时想隐居,对王济说道:"当漱石枕流。"王济笑道:"流可枕,石可漱乎?"孙楚道:"所以枕流,欲洗其耳;所以漱石,欲厉其齿。"见《世说新语·排调》。

②〔郝隆晒书〕郝隆,东晋名士。《世说新语·排调》:"郝隆七月七日出日中仰卧。人问其故,答曰:'我晒书。'"

méi gāo yì què　　chōng guó zì zàn
枚　皋　诣　阙①,**充　国　自　赞**②。

◎**注释**　①〔枚皋诣阙〕枚皋,西汉辞赋家。枚乘之子。《汉书·枚乘传附枚皋》载,枚皋年轻时曾犯罪,逃到长安,正赶上大赦,于是"上书北阙,自陈枚乘之子,上(武帝)得之大喜……诏使赋平乐馆,善之,拜为郎"。诣,到某人所在的地方。

阙，皇宫大门前两边供瞭望的楼。汉制，臣民上书到北阙。

②〔充国自赞〕赵充国，西汉名将。《汉书·赵充国传》载，赵充国七十多岁了，皇上认为他老了，不宜再领兵打仗，便派御史大夫丙吉去问他谁可以带兵去平定羌虏。赵充国回答说："没有比老臣我更合适的人选了。"皇上又派人问："将军估计羌虏的情况怎样，应当派多少兵马？"赵充国回答："百闻不如一见。敌情难以估计，我愿赶到边城，把军情画成图呈报。"皇上答应了他的请求。

wáng yǎn fēng jiàn　　xǔ shào yuè dàn
王 衍 风 鉴①，许 劭 月 旦②。

◎**注释** ①〔王衍风鉴〕王衍，字夷甫，西晋名士。曾任尚书令等要职，官至太尉。风鉴，风度和鉴识。王衍外表清明俊秀，风姿安详文雅。他十四岁时在京城，常到仆射（pú yè）羊祜那里申报陈述公文的内容，言辞清晰明白。羊祜是当时很有名望的人，但少年王衍在他面前却没有自卑屈节的神色，大家十分惊异。太傅杨骏想把女儿嫁给他为妻，王衍却以攀附权贵为耻，就假装发狂而加以拒绝。王衍的从兄王戎素有善于鉴评人物的高名。晋武帝司马炎听到王衍的名声，就问王戎当世哪个人可以跟王衍相比。王戎说："当今没有谁能跟夷甫相比，应该从古人中去寻求。"见《晋书·王衍传》。

②〔许劭月旦〕《后汉书·许劭传》载，东汉时汝南名士许劭和堂兄许靖"俱有高名，好共核论乡党人物"，每月更换品评题目，所以汝南形成"月旦评"的风俗。月旦，谓品评人物。月旦，也作"月朔"，夏历每月初一。

hè xún rú zōng　　sūn chuò cái guàn
贺 循 儒 宗①，孙 绰 才 冠②。

◎**注释** ①〔贺循儒宗〕贺循，会稽山阴（今浙江绍兴）人。博学有重名，东晋安帝时为侍中。《晋书·贺循传》载，贺循"言行进止，必以礼让。……朝廷疑滞皆谘之于循，循辄依经礼而对，为当世儒宗"。

②〔孙绰才冠〕《晋书·孙楚传附孙绰》载，东晋文学家孙绰年轻时以文才著称，"于时文士，绰为其冠"。温、王、郗、庾等重臣死后，都要等孙绰"为碑文，然后刊石焉"。他写的《游天台（tāi）山赋》曾名噪一时。

<u>太叔辨给</u>，<u>挚仲辞翰</u>①。

◎**注释** ①〔太叔辨给，挚仲辞翰〕挚虞，字仲洽，西晋文学家。官至太常卿。善著述，撰有《三辅决录注》《文章别志论》。《世说新语·文学》刘孝标注载，太叔广很有辩才，而挚虞长于笔才。二人均为列卿。每当大家坐在一起聊天儿时，"（太叔）广谈，（挚）虞不能对；虞退，笔难（nàn）广，广不能答。于是更相嗤笑，纷然于世"。辨给，同"辩给"，口才敏捷，能言善辩。

<u>山涛识量</u>①，<u>毛玠公方</u>②。

◎**注释** ①〔山涛识量〕山涛，西晋名士，"竹林七贤"之一。为人度量大、见识广，有知人之智。《世说新语·赏誉》及《晋书·山涛传》载，山涛四十岁时做郡主簿。后来做冀州刺史，甄拔隐屈、搜访贤才三十余人。入朝做侍中，迁吏部尚书、太子少傅等。每选用官吏，皆先秉承晋武帝意旨，且亲作评论，时称"山公启事"。

②〔毛玠公方〕毛玠，三国时期魏国大臣、政治家。《三国志·魏书·毛玠传》载，毛玠任东曹掾（yuàn）时，和崔琰（yǎn）一起主管选拔举荐人才。"其所举用，皆清正之士；虽于时有盛名而行不由本者，终莫得进。"魏文帝曹丕做五官中郎将时，曾亲自到毛玠的住处，托他关照自己的亲眷。毛玠回答道：这不是我的职权范围内的事，"是以不敢奉命"。公方，公平方正。

袁盎却坐^①，卫瓘抚床^②。

◎**注释** ①〔袁盎却坐〕袁盎，西汉大臣。《史记·袁盎列传》载，一次，文帝携皇后和宠妃慎夫人一起到上林苑游玩。袁盎在郎署长安排好座位之后，叫人把慎夫人的坐席移后。结果，"慎夫人怒，不肯坐。(皇)上亦怒，起，入禁中"。袁盎于是对文帝说道："臣闻尊卑有序则上下和。今陛下既已立后，慎夫人乃妾，妾主岂可与同坐哉！适所以失尊卑矣。"他并提醒文帝说：您现在这样对待慎夫人，正是给她埋下祸根。"陛下独不见'人彘（zhì，猪）'（汉高祖的宠姬戚夫人在高祖死后，被吕后剁去手脚，剜去双眼，熏聋两耳，灌下哑药而变成哑巴，扔到茅厕里，称作'人彘'）乎？"文帝听了袁盎的话，很高兴，并转告了慎夫人。慎夫人于是赐给袁盎"金五十斤"。却坐，把坐席往后撤。却，往后撤。坐，坐席。

②〔卫瓘抚床〕卫瓘，西晋时任司空、太保等职。《晋书·卫瓘传》载，惠帝做太子时，朝臣都认为他"纯质，不能亲政事"。瓘"每欲陈启废之，而未敢发"。一次宴会后，卫瓘假托醉酒，跪在皇帝床前，用手抚摸着龙床说："此座可惜！"皇帝明白他的意思，却装糊涂说："公真大醉耶？"卫瓘从此不再说这件事。惠帝即位后，其生母贾太后寻机杀掉了卫瓘。

于公高门^①，曹参趣装^②。

◎**注释** ①〔于公高门〕于定国，西汉丞相，封西平侯。《汉书·于定国传》载，定国的父亲于公曾在县里任狱吏，断案公正，犯法的人对于他的判决都心服口服。于公自信积下很多阴德，子孙将来一定能做高官，因此在修闾门时，他让加高加宽，"令容驷马高盖车"。后来于公的子孙果然几代为高官。

②〔曹参（shēn）趣（cù）装〕曹参，继萧何之后西汉第二位相国。早年随汉高祖刘邦起兵。史载曹参"身被七十创，攻城略地，功最多，宜第一"。《史记·曹相国世家》载，惠帝二年，萧何去世。曹参听说后，告诉舍人赶快整理行装，说道："吾将入相。"时间不长，果然有惠帝的使者来召曹参入朝。趣装，快速整理行装。趣，急促，赶快。

shù nǚ zhèn fēng　　zōu yǎn jiàng shuāng
庶女振风①，邹衍降霜②。

◎**注释** ①〔庶女振风〕出自《淮南子·览冥训》高诱注。相传春秋时期齐国有一位平民寡妇，没有儿子，也不打算再嫁，在家孝敬婆婆。她的小姑子想独吞母亲的家产，就催逼母亲令嫂子改嫁。这位寡妇坚决不肯，她小姑子便谋杀了母亲，并嫁祸于嫂子。寡妇没法洗清冤屈，就对天痛哭，结果雷鸣电闪，击坏齐景公之台，景公因而受伤，海水暴涨，溢出海岸。振风，指大风刮起。但高诱注中并无"振风"的记载。

②〔邹衍降霜〕邹衍，战国末齐国人，哲学家，阴阳家的代表人物。燕昭王置黄金台招贤时，他到燕国为官。《后汉书·刘瑜传》注引《淮南子》载，邹衍忠心辅佐燕惠王，但惠王听信了坏人的谗言，把他关进狱中。他含冤负屈，仰天大哭。当时正当仲夏五月，老天竟然降下寒霜来。又见于东汉王充《论衡·感虚》。

fàn dān shēng chén　　yàn yīng tuō sù
范丹生尘①，晏婴脱粟②。

◎**注释** ①〔范丹生尘〕范丹，一作范冉，字史云。东汉桓帝时被任命为莱芜长，不到官。《后汉书·独行列传·范冉》载，他生活极贫困，结草庐而居，有时绝粮，但"穷居自若，言貌无改"。闾里歌之曰："甑（zèng）中生尘范史云，釜（fǔ）中生鱼范莱芜。"

②〔晏婴脱粟〕晏婴，春秋后期政治家、思想家、外交家。历事齐灵公、庄公、景公三朝，居敬行俭。《晏子春秋·杂下二六》载，他平时穿"缁布之衣"，吃"脱粟之食（一种粗粮）"。

<u>诘 汾 兴 魏</u>①，<u>鳖 灵 王 蜀</u>②。

◎ **注释** ①〔诘汾兴魏〕拓跋诘汾，南北朝时期北魏皇帝的先祖，神元皇帝拓跋力微的父亲。《魏书·序纪》载，力微系诘汾与天女所生，颇具神话色彩。诘汾在位时，部落势力并不强，后来经拓跋力微的发展，奠定了建立北魏的基础。

②〔鳖灵王（wàng）蜀〕鳖灵，也作"鳖令""鳖泠"。传说中的古蜀国帝王名。《经典集林》卷十四引西汉扬雄《蜀王本纪》："荆有一人名鳖灵，其尸亡去，荆人求之不得。鳖灵尸随江水上至郫（pí），遂活，与望帝相见。望帝……自以德薄不如鳖灵，乃委国授之而去，如尧之禅舜。鳖灵即位，号曰开明帝。"又《后汉书·张衡传》："鳖令殪（yì）而尸亡兮，取蜀禅而引世。"李贤注："鳖令，蜀王名也。令音灵。殪，死也。禅，传位也。引，长也。扬雄《蜀王本纪》曰：'荆人鳖令死，其尸流亡，随江水上至成都，见蜀王杜宇，杜宇立以为相。杜宇号望帝，自以德不如鳖令，以其国禅之，号开明帝。下至五代，有开明尚，始去帝号，复称王。'也。"王，动词，称王。

<u>不 疑 诬 金</u>①，<u>卞 和 泣 玉</u>②。

◎ **注释** ①〔不疑诬金〕出自《汉书·直不疑传》。汉文帝时，直不疑担任郎官。一次，他的同事请假回家，错拿了另外一个郎官的铜币，铜币的主人便猜疑是直不疑干的。直不疑没有做任何辩驳，买来铜币交给了失主。过了几天，请假回家的郎官返回来，把错拿的铜币交还失主。失主十分惭愧，向直不疑道歉，直不疑没有任何怨言。因此，大家都称赞直不疑是位忠厚长者。

②〔卞和泣玉〕出自《韩非子·和氏》。楚人卞和在荆山中得到一块玉璞，献给厉王。厉王使玉工辨识，玉工说是石头。厉王以欺君罪砍掉了卞和的左足。等到武王即位，卞和又把玉璞献给武王，武王又砍掉卞和的右足。文王即位，卞和抱着玉璞在荆山之下哭了三天三夜，眼里哭出血来。文王派人问他为什么哭得这么伤心，他说：我不是为砍掉两足而悲，"悲夫宝玉而题之以石，贞士而名之以诳"。文王便让玉工剖开玉璞，最终得到宝玉，于是称这块宝玉为"和氏之璧"。

檀卿沐猴^①，谢尚鸲鹆^②。

◎**注释** ①〔檀卿沐猴〕出自《汉书·盖（gě）宽饶传》。西汉长信少府檀长卿会跳沐猴舞。汉宣帝时，平恩侯府落成，群臣赴宴庆贺。酒酣乐作之时，檀长卿跳起沐猴舞给大家助兴，在座的人都大笑。沐猴，猕猴，这里指跳沐猴舞。

②〔谢尚鸲鹆〕东晋咸亭侯谢尚精通音律，善舞蹈，工书法，尚清谈，深为司徒王导器重。一次群臣宴会，王导让他给大家跳一支鸲鹆舞，谢尚"便着衣帻（zé，头巾）而舞。（王）导令坐者抚掌击节。（谢）尚俯仰在中，傍若无人"。鸲鹆，即八哥（鸟），这里指跳鸲鹆舞。见《晋书·谢尚传》及《世说新语·任诞》。

泰初日月^①，季野阳秋^②。

◎**注释** ①〔泰初日月〕夏侯玄，字太初，三国时期曹魏大臣，有名望，仪表出众。他和何晏等人是早期的玄学领袖。时人称他"朗朗如日月之入怀（比喻光彩照人）"。见《世说新语·容止》。泰，同"太"。

②〔季野阳秋〕出自《世说新语·赏誉下》。褚裒（póu），字季野，东晋康献皇后的父亲。官征北将军，有盛名。名臣桓彝（yí）评价他："季野皮里（内心）阳秋。"说的是他平时不爱评价人的优劣，但内心却自有判断。阳秋，即《春秋》，指史书。因为东晋简文帝的生母宣郑太后名春，所以晋人讳"春"作"阳"。

荀陈德星^①，李郭仙舟^②。

◎**注释** ①〔荀陈德星〕荀，指荀淑，东汉颍川颍阴（今河南许昌）人，以品行高洁著称。陈，指陈寔（shí），颍川许县（今河南许昌东）人，东汉名望最高的重臣之一。《世说新语·德行》载，陈寔去拜访荀淑，因"贫俭无仆役"，便让儿子"元方将车，季方持杖后从。长文尚小，载著车中"。到了荀家，荀淑让儿子"叔慈应门，慈明行酒，余六龙（荀淑有八个儿子，时人号为'八龙'）下食。文若亦小，坐著膝前。于时太史奏：'真人东行。'"南朝宋檀道鸾《续晋阳秋》载，陈寔带孩子们造访荀淑父子，"于时德星聚。太史奏：'五百里贤人聚。'"德星，古代以景星、岁星等为德星，认为国有道有福或有贤人出现，则德星会出现。

②〔李郭仙舟〕李，指李膺，字元礼，颍川襄城（今河南襄城）人。东汉大臣。人品高洁，太学生推崇他为"天下模楷李元礼"，凡能受到他赏识、接见的太学生都自认为如"登龙门"，身价十倍，对东汉末期的清议风气影响很大。郭，指郭泰，字林宗，东汉太原郡介休（今属山西）人。家世贫贱，早年丧父，与母亲相依为命。素有大志，就读于饱学之士屈伯彦门下。三年之后博通经史。"身高八尺，容貌魁伟"，一表人才。《后汉书·郭太（泰）传》："林宗唯与李膺同舟而济，众宾望之，以为神仙焉。"

<u>王 忳 绣 被</u>①，<u>张 氏 铜 钩</u>②。
wáng zhūn xiù bèi　　zhāng shì tóng gōu

◎**注释** ①〔王忳绣被〕出自《后汉书·独行列传·王忳》。东汉人王忳曾在京城照顾一位偶遇的病危的书生。书生赠给他十斤铜币，请他为自己办理后事。他用一斤铜币为书生办好后事，剩下的铜币全都埋在棺材下。几年后，王忳任大度亭长，刚到任就有一匹马跑到亭中，有一条绣被飘到面前。王忳把这件事报告县里，县里把马和绣被判给了他。后来，王忳骑马到洛县，意外地碰到马及绣被的主人，而此人竟是自己所葬书生的父亲。此人请王忳帮助，迎葬了自己的儿子，看到那剩下的九斤铜币还在。"忳由是显名"。

②〔张氏铜钩〕出自东晋干宝《搜神记》卷九《张氏钩》。京城长安有一个姓张的人，白天独自待在屋里。有一只斑鸠从外边飞进来，落在他的床上。他很讨厌这只斑鸠，便解开衣襟念叨："斑鸠，你要是来为我降灾的，就飞到天花板上；要是来为我送福的，就飞到我怀里来。"斑鸠听完就飞到这人的怀里，化成一只铜钩。从此，这个人"子孙渐富，资财万倍"。

丁公遽戮①，雍齿先侯②。

◎**注释** ①〔丁公遽戮〕《史记·季布栾布列传》载，楚将丁公率部追击刘邦到彭城西，两军短兵相接。情急之下，刘邦对丁公说："两贤岂相厄哉！"于是丁公撤回兵马，刘邦得以解脱。等到项羽兵败之后，丁公谒见刘邦。刘邦捆起丁公来在牢营中巡行示众，说道："丁公为项王臣不忠，使项王失天下者，乃丁公也。"于是杀掉丁公，曰："使后世为人臣者无效丁公！"遽戮，立即被杀。

②〔雍齿先侯〕出自《史记·留侯世家》。汉朝建立后，刘邦封赏亲信，诛杀仇怨，引起非亲信诸将的不满和恐慌，军中存在着谋反的危险。张良献计，刘邦马上封赏"平生最憎，群臣所共知"的雍齿为什方侯，并催促丞相、御史大夫快快评功封赏诸将。于是军中人心大定。先侯，最先封侯。

陈雷胶漆①，范张鸡黍②。

◎**注释** ①〔陈雷胶漆〕出自《后汉书·独行列传·雷义》。东汉人陈重和同郡的雷义从小就是好朋友。太守举荐陈重为孝廉，陈重要让给雷义，雷义坚决不答应。后来二人一同做官，雷义因主动替同僚顶罪而丢官，陈重也借故辞职。不久，雷义又被推举为茂才，他要让给陈重，刺史不同意，雷义便披头散发装疯，不赴任。"乡里为之语曰：'胶漆自谓坚，不如雷与陈。'"后来官府同时征召二人为官。胶漆，如胶似漆，比喻关系融洽紧密。

②〔范张鸡黍〕《后汉书·独行列传·范式》载，东汉人范式与张劭同在太学读书，分手时相约，两年后范式到张劭家重聚。张劭的母亲说，"二年之别，千里结言"，你怎么这么相信他呢！张劭说："范式是守信之人，一定不会失约。"到了二人约定的那天，张劭便杀鸡煮黍，准备招待范式，而范式果真如期而至。

zhōu hóu shān nì　　kuài jī xiá jǔ
周侯山巘①，会稽霞举②。

◎**注释**　①〔周侯山巘（nì）〕周顗（yǐ），晋汝南安城（今河南汝南东南）人，西晋名士。渡江后，任荆州刺史，官至尚书左仆射（pú yè）。举止庄重，神态超绝。《世说新语·赏誉》："世目周侯，巘如断山。（世人看周顗，如同绝立的山峰。）"巘，特立，超绝。

②〔会稽霞举〕会稽，指东晋废帝司马奕（即海西公）当政时的会稽王司马昱（yù），即后来的晋简文帝。霞举，朝霞初升。《世说新语·容止》："海西时，诸公每朝，朝堂犹暗；唯会稽王来，轩轩如朝霞举。"

jì bù yí nuò　　ruǎn zhān sān yǔ
季布一诺①，阮瞻三语②。

◎**注释**　①〔季布一诺〕季布，西汉初楚人。楚汉战争中是项羽的部将。汉朝建立后，任河东守。他年轻时是楚地有名的"游侠"，重义守信。当时人称："得黄金百斤，不如得季布一诺。"见《史记·季布栾布列传》。

②〔阮瞻三语〕阮瞻，"竹林七贤"之一阮咸的儿子。《晋书·阮籍传附阮瞻》载，阮瞻曾见司徒王戎，王戎问他："圣人（指孔子）贵名教，老庄明自然，其旨同异？"瞻曰："将无同（大概没有什么不同）。"王戎"咨嗟良久"，当即聘他为属官。当时人称他是"三语掾（三个字的属吏；掾，音yuàn，属员）"。

guō wén yóu shān　　yuán hóng bó zhǔ
郭文游山①，袁宏泊渚②。

◎**注释**　①〔郭文游山〕郭文，字文举，东晋隐士。《晋书·隐逸传》载，郭文举"少爱山水，尚嘉遁（羡慕隐居生活）。年十三，每游山林，弥（满）旬忘反（返）"。父母死后，服丧期满，"不娶，辞家游名山"。

②〔袁宏泊渚〕袁宏，东晋文学家。泊渚，船停泊在水边。袁宏家中贫穷，曾被人雇用，替人运租谷。晚上，船停在江边，他在船上吟诵五言诗，恰好被乘船路过的镇西将军谢尚听到。谢尚觉得这些诗很有情致，就派人邀请袁宏上船说话。二人谈话很投机。从此，袁宏的名声逐渐大起来。见《世说新语·文学》。

huáng wǎn duì rì　qín mì lùn tiān
<u>黄　琬</u>对日^①，<u>秦宓</u>论天^②。

◎**注释**　①〔黄琬对日〕黄琬，东汉人。从小聪明异常，善于应对。对日，这里指回答太后诏书所问，描绘日食的形象。黄琬的祖父黄琼曾为魏郡太守。东汉桓帝建和元年（147年）正月魏郡发生了日食，但在洛阳看不到。黄琼到洛阳报告此事。太后下诏问日食所食多少。黄琼不知道如何回答。黄琬当时才七岁，在旁边说："何不言日食之余，如月之初？"黄琼很吃惊，于是就用这句话来回答太后。见《后汉书·黄琼传附黄琬》。

②〔秦宓论天〕秦宓，三国时蜀国人。曾为蜀国左中郎将、长水校尉。论天，回答关于天的问题。东吴派张温出使蜀国，张温得知秦宓博学善辩，就问他："天有头吗？"秦宓回答："有。"张问："头在什么方位？"秦答："在西方。《诗经》中说'乃眷西顾'，以此推之，头在西方。"张问："天有耳朵吗？"秦答："有。《诗经》中有'鹤鸣于九皋，声闻于天'。如果天没有耳朵，怎么会听到鹤鸣呢？"张问："天有脚吗？"秦答："有。《诗经》中有'天步艰难，之子不犹'，天如果没有脚，怎么能走路？"张问："天有姓吗？"秦答："有。"张问："姓什么？"秦答："姓刘。"张问："你怎么知道的？"秦答："天子姓刘，由此知道天姓刘。"张又问："太阳是从东方升起来的吗？（东吴地处东方，所以这样问。）"秦答："太阳虽然从东方升起来，但落在西方。（蜀在西方，所以这样答。）"秦宓有问必答，"应声而出"，不假思索。张温对他既敬重又佩服。见《三国志·蜀书·秦宓传》。

孟轲养素^①，扬雄草《玄》^②。

◎**注释** ①〔孟轲养素〕孟轲，即孟子，战国时期哲学家、文学家。养素，培养体中的浩然之气。孟子的弟子公孙丑问："请问老师，您的长处是什么？"孟子说："我善于培养我的浩然之气。"见《孟子·公孙丑上》。

②〔扬雄草《玄》〕扬雄，西汉哲学家、文学家、语言学家。草《玄》，创作《太玄》。扬雄不追求高官爵位，想要通过著述留名青史。他认为六经中《周易》最为重要，所以参考《周易》，创作《太玄》。见《汉书·扬雄传》。

向秀闻笛^①，伯牙绝弦^②。

◎**注释** ①〔向秀闻笛〕向秀，魏晋"竹林七贤"之一。向秀与嵇康、吕安关系密切。嵇、吕二人因得罪司马氏，为人所陷害，被处以死刑。嵇康精于弹琴，临终之日，命人取琴，弹奏一曲。多年之后，向秀路过嵇康旧宅，听到邻人吹笛，追忆昔日的快乐时光，百感交集，创作了《思旧赋》。见《晋书·向秀传》。

②〔伯牙绝弦〕伯牙，春秋时楚国人，善于弹琴。绝弦，剪断琴弦。钟子期是伯牙的好友，能听懂他所弹奏的曲子。伯牙弹琴时，意念倾注于高山。钟子期说："好哇，琴声峨峨，像巍峨的泰山！"伯牙意念倾注于流水。钟子期说："好哇，琴声洋洋，像奔腾不息的江河！"后来钟子期去世，伯牙认为世上再也没有知音，就剪断琴弦，终身不再弹琴。见《列子·汤问》。

郭槐自屈^①，南郡犹怜^②。

◎**注释** ①〔郭槐自屈〕郭槐，西晋大臣贾充后妻，以忌妒出名。自屈，不由自主地屈身下拜。贾充前妻李氏德淑貌美，有才有行，作《女训》流行当世。她的父亲李丰因反对司马氏而被诛，李氏随其父家被流放。后来，贾充娶了城阳太守郭配之女郭槐。晋武帝登基以后，李氏一家因大赦迁回。晋武帝特意下诏，让贾充娶两房正妻。贾充的母亲也命儿子把李氏接回来，但贾充不敢。郭槐想拜访李氏，贾充说："那个人很有才气，你最好不要去。"后来，郭槐的女儿做了皇太子妃，她这才摆足了排场去见李氏。郭槐进门之后，李氏前来迎接。郭槐见了李氏的风采，不觉脚软，屈身下拜。从此之后，贾充每次出门，郭槐总是派人跟着，怕他到李氏那里去。见《晋书·贾充传》。

②〔南郡犹怜〕南郡，指南康公主，东晋明帝之女，大将军桓温之妻。《世说新语·贤媛》载，桓温瞒着妻子，纳李势的妹妹为妾，对她非常宠爱。南康公主听说后，就拔出剑来，往李氏的住处去杀她。李氏正在窗前梳头，"姿貌端丽，徐徐结发，敛手向（公）主，神色闲正，辞甚凄惋"。南康公主于是把刀扔到地上，向前抱住李氏说："我见汝亦怜（怜惜，疼爱），何况老奴（指桓温）!"此后"遂善之"。

鲁恭驯雉①，宋均去兽②。

◎**注释** ①〔鲁恭驯雉〕鲁恭，东汉人，官至司徒。他曾为中牟（mù）县令，以德治县，效果显著。当时河南郡蝗虫成灾，但蝗虫没有进入属县中牟县境内。河南尹袁安不相信此事，派属员肥亲到中牟视察。鲁恭与肥亲到田间巡视，在桑树下休息。有雉鸟飞落在他们身边。肥亲对他身边的儿童说："你们为什么不逮住它？"小孩儿回答说："雉鸟还在抚育幼鸟。"肥亲瞿然起身告辞："我这次来，是要考察你政绩如何。现在我看到了三件异事：蝗虫不入中牟县，这是其一；教化泽及鸟兽，这是其二；连顽皮小子都有仁心，这是其三。我再待下去就是打扰贤者了。"于是回去向袁安报告鲁恭的政绩。见《后汉书·鲁恭传》。驯雉，雉鸟温顺，不怕人。

②〔宋均去兽〕宋均，东汉人。光武帝时曾为九江太守。此前，九江郡经常出现猛虎伤人的事件。太守经常招募勇士，设置栅栏、陷阱，但没有什么效果。宋均到任之后，整顿吏治，辞退奸诈贪污的官员，提拔忠善之士。此后再没有出现老虎伤人事件。民间传言老虎已结队渡江东去。见《后汉书·宋均传》。去兽，指宋均实行仁政，猛虎避贤离开九江郡。

<u>广 客 蛇 影</u>①，<u>殷 师</u> 牛 斗②。

◎**注释** ①〔广客蛇影〕广，指乐广，西晋人。《晋书·乐广传》载，他有一个好朋友，长时间不来做客。乐广问他原因，那人说："上次喝酒，看见杯中有一条蛇，又不忍心拂了你的盛情款待，结果硬着头皮喝完酒，回家就病倒了。"乐广的大厅墙上有一只牛角，上面用油漆描画着蛇的图像。他断定酒杯中的"蛇"就是牛角上蛇的影子，于是又在原处摆上酒宴，请那位客人来。斟好了酒之后，他问："你的酒杯中还能看到蛇吗？"朋友回答说："和原来一样。"乐广便告诉他到底是怎么回事，那个朋友豁然明白，病马上好了。

②〔殷师牛斗〕殷师，东晋人。牛斗，牛相斗。他晚年得了一种名为虚悸的病，听到床下蚂蚁爬动，以为是牛相斗。见《世说新语·纰漏》。后用"牛斗"指病虚、心神恍惚。

<u>元 礼 模 楷</u>①，<u>季 彦</u> 领 袖②。

◎**注释** ①〔元礼模楷〕李膺，字元礼，东汉名士，当时天下读书人的精神领袖。桓帝时官至司隶校尉。与陈蕃（字仲举）联合反对宦官专权。《后汉书·党锢传·李膺》载，李膺"独持风裁，以声名自高。士有被其容接者，名为登龙门"。太学中流传着这样的话："天下模楷李元礼，不畏强御陈仲举。"模楷，即楷模，榜样。

②〔季彦领袖〕裴秀，字季彦，西晋名士，当时读书人的精神领袖。官至司空。裴秀自幼好学，八岁就能写文章，"有风操"。虞预所著《晋书》引当时人的话说："后进领袖有裴秀。"《世说新语·赏誉》中引用谚语说："后来领袖有裴秀。"见《晋书·裴秀传》。

鲁褒《钱神》①，崔烈铜臭②。

◎**注释** ①〔鲁褒《钱神》〕鲁褒，西晋文学家。他好学多闻，甘于贫穷的生活，隐居乡村，不去做官。西晋元康之后，法律废弛。鲁褒有感于时俗贪鄙，便匿名创作《钱神论》以讽刺社会风气。文中写道："钱多者处前，钱少者居后。""无德而尊，无势而热……危可使安，死可使活，贵可使贱，生可使杀。""钱之所祐，吉无不利。"语带谐谑（xuè，嘲弄），行文恣肆酣畅。见《晋书·鲁褒传》。

②〔崔烈铜臭（xiù）〕崔烈，东汉涿郡安平（今属河北）人。在冀州原有很好的名声。汉灵帝时，朝廷公开卖官鬻爵。崔烈出钱五百万，买到司徒一职。后来，消息泄露，崔烈名誉大减。他问儿子崔钧："我官居三公，别人怎么议论？"崔钧说："您从小就被看作英才，曾做过九卿、郡守，议论的人都说您应该位登三台；但您现在位登三台，他们却很失望。"崔烈问："为什么？"崔钧说："他们都嫌您这官儿铜钱味太大。"见《后汉书·崔寔传附崔烈》。铜臭，铜钱的气味。这里讽刺崔烈以钱买官。

梁竦庙食①，赵温雄飞②。

◎**注释** ①〔梁竦庙食〕梁竦，东汉人，他在家乡居住时，郁郁不得志。有一次，他登高远望，叹息说："大丈夫生活在社会上，活着应该封侯，死后应当立庙，受人祭祀供奉。"见《后汉书·梁统传附梁竦》。庙食，指死后立庙，受人奉祀，享受祭奠。

②〔赵温雄飞〕赵温，东汉人，曾任京兆丞。他嫌官职低微，感叹说："大丈夫应当雄飞，怎么能雌伏！"于是弃官而去。后来汉献帝西迁长安，赵温升任司徒，封列侯。见《后汉书·赵典传附赵温》。雄飞，比喻奋发有为。雌伏，比喻屈居下位，无所作为。

méi chéng pú lún　　zhèng jūn bái yī

枚乘蒲轮①，郑均白衣②。

◎**注释** ①〔枚乘蒲轮〕枚乘，西汉辞赋家。曾做过吴王刘濞（bì）、梁王刘武的文学侍从。"七国之乱"前曾上书谏阻吴王起兵，乱中又上书劝谏吴王罢兵，因此而显名。汉景帝时，曾为弘农都尉。他不喜欢这一官职，借口有病告退。汉武帝即位后，以"安车蒲轮"征之。枚乘这时已经年纪很大，在去京城途中去世。见《汉书·枚乘传》。蒲轮，以蒲草包裹车轮，转动时震动较小。安车，古代可以坐乘的小车，多用一马，礼遇高的用四马。高官告老或朝廷征召有重望的人，往往赐以乘坐。

②〔郑均白衣〕郑均，东汉东平任城（今山东济宁）人。曾官居尚书，多次向汉章帝进献忠言，章帝非常敬重他。后来因病辞官。元和二年（85年），章帝东巡路过任城时到郑均家看望了他，赐给他终身尚书俸禄，所以当时的人称他为"白衣尚书"。见《后汉书·郑均传》。白衣，平民。

líng mǔ fú jiàn　　kē qīn duàn jī

陵母伏剑①，轲亲断机②。

◎**注释** ①〔陵母伏剑〕陵，指王陵，西汉大将，官至右丞相，因功封安国侯。楚汉相争之时，王陵投奔汉王刘邦。项羽捉住了王陵的母亲做人质，逼王陵归顺自己。王陵的母亲私下见到王陵的使者，哭泣着说："您回去告诉王陵，不要因为我而怀有二心。我用一死来为您送行。"说完伏剑自杀。王陵此后忠心耿耿跟着汉王刘邦平定了天下。见《汉书·王陵传》。伏剑，以剑自杀。

②〔轲亲断机〕轲亲，战国时期孟轲的母亲。孟轲年少时，一次逃学回家，正在织布的孟母拿起剪刀就把织布机上的布剪断了，说："你学业未成，半途而废，这跟我织布未成就剪断它一样。"孟子从此改过自新，勤学不息，最终成为一代著名的学者、思想家。见西汉刘向所撰《列女传·母仪》。断机，剪断织机上还没织完的布。

<pre>
qí hòu pò huán   xiè nǚ jiě wéi
</pre>
齐后破环①，谢女解围②。

◎**注释** ①〔齐后破环〕齐后，指战国时期齐襄王王后、齐王建之母。襄王死后，她辅佐儿子齐王建几十年之久，国家安定。破环，砸碎玉环。秦始皇派使者给齐王建之母送来玉连环，说："齐国人多智巧，您能解开这个玉连环吗？"她拿给大臣们看，大臣们都不知道怎样解开。她拿起锤子就把玉连环砸碎了，告诉秦国的使者："我解开了。"见《战国策·齐策六》。

②〔谢女解围〕谢女，指谢道韫（yùn），东晋才女。她丈夫是王羲之的二儿子王凝之。她聪明博识，擅长论辩。一次，王凝之的弟弟王献之与宾客辩论，理屈词穷。谢道韫派婢女告诉王献之："我想来替你解围。"她在房子里扯上青绫步障，站在步障后面替王献之辩论，客人们谁也驳不倒她。见《晋书·列女传》。

<pre>
záo chǐ chǐ dú   xún xù yīn lǜ
</pre>
凿齿尺牍①，荀勖音律②。

◎**注释** ①〔凿齿尺牍〕习凿齿，东晋文学家、史学家。荆州刺史桓温任命他为荆州从事。习凿齿"善尺牍、论议"，深得桓温器重。见《晋书·习凿齿传》。尺牍，书信，公文。

②〔荀勖音律〕荀勖，西晋人，官至尚书令。他擅长分析音乐声律。朝廷正月朝会上演奏的乐曲，经过他的指导，音调无不和谐。时人称之为"神解"。见《世说新语·术解》。

<pre>
hú wēi tuī jiān   lù jì huái jú
</pre>
胡威推缣①，陆绩怀橘②。

◎**注释** ①〔胡威推缣〕胡威，西晋人。推缣，询问丝绢的来历。胡威的父亲胡质曾任荆州刺史。胡威从京都洛阳出发去看望父亲。因家中贫穷，没有僮仆车马，胡威骑驴独行。胡威告别父亲回去时,父亲给他一匹丝绢作为盘缠。胡威跪下问:"父亲为人清白,不知道您从哪里得到这样一匹丝绢?"胡质说:"这是我的俸禄所得。"胡威这才收下。见《三国志·魏书·胡质传》裴松之注引《晋阳秋》。

②〔陆绩怀橘〕陆绩,三国时期吴郡吴县(今江苏苏州)人。陆绩六岁时,跟着父亲陆康到九江拜见袁术。袁术拿出许多橘子,陆绩拿了三个放在怀里。陆绩辞行下拜时,橘子滚落在地上。袁术开玩笑说:"陆公子到我这儿做客,怎么把橘子放在怀里呀?"陆绩跪下回答:"想回家带给母亲。"袁术"大奇之"。见《三国志·吴书·陆绩传》。

罗含吞鸟①,江淹梦笔②。

◎**注释** ①〔罗含吞鸟〕罗含,晋朝人。罗含从小失去双亲,由婶母朱氏抚养长大。他从小胸怀大志。他曾在白天做了一个梦,梦见一只美丽异常的鸟飞到了自己口中,就把这个梦告诉了婶母。婶母说:"那只鸟有文彩,你将来必然成为一个有才华的人。"从此以后,罗含的文章写得越来越好。见《晋书·文苑传·罗含》。

②〔江淹梦笔〕江淹,南朝文学家。从小以文章华美闻名。晚年的江淹居住在冶亭,一天晚上,梦见一个自称郭璞的男子对他说:"我有一支笔在你这里好多年了,现在还给我吧!"江淹从怀中拿出一支五色笔交给了那个人,从此他的诗文中再也没有华美的句子了。当时的人们都说"江郎才尽"。见《南史·江淹传》。

李廞清贞①,刘驎高率②。

◎**注释** ①〔李廞清贞〕李廞,东晋人。清静贞正,有高远的节操。他从小多病,不肯结婚、做官。丞相王导想聘他到相府做属官,他笑着说:"茂弘(王导的字)又要拿官爵送人。"最终没有应召。见《世说新语·栖逸》。清贞,高洁端正,不同流俗。

②〔刘骥高率〕刘骥,即刘骥之,东晋高士。他从小崇尚自然,清心寡欲,不注重仪表和言行;游历山水,志存隐逸;乐于助人,不受回报。车骑将军桓冲多次召他为官,均不应。见《晋书·隐逸传》及《世说新语·栖逸》。高率,品德高洁,性情率真。

jiǎng xǔ sān jìng, xǔ yóu yì piáo
蒋诩三径①,许由一瓢②。

◎**注释** ①〔蒋诩三径〕蒋诩,西汉末东汉初人。曾任兖州刺史,以廉直著称。后因不满王莽专权,辞官隐退故里,闭门不出。在庭院中开辟三条小路,只与高逸之士求仲、羊仲相往来。见《昭明文选·陶潜·归去来辞》李善注引赵岐《三辅决录》。后来用"三径"喻指隐士的家园。

②〔许由一瓢〕许由,尧舜时代的贤人、隐士。尧在位时,许由为布衣,夏天在树上结巢而居,冬天居住在洞穴中,饥饿时就到山上寻找食物,渴了就喝河里的水。他没有盛水的器具,就用手捧水来喝。有人送给他一只水瓢,他喝完水,就把水瓢挂在树上。后来,风吹树动,水瓢发出声音。许由嫌它烦扰,就把它扔掉了。见《先秦汉魏晋南北朝诗·汉诗·琴曲歌辞》。

yáng pú yí guān, dù yù jiàn qiáo
杨仆移关①,杜预建桥②。

◎**注释** ①〔杨仆移关〕杨仆,西汉人。因为政严酷而受到汉武帝的欣赏,被任命为主爵都尉。南越反叛时,杨仆被任命为楼船将军,因功被封为将梁侯。因耻为关外民,上书请求自己出资把函谷关向东迁移三百里。汉武帝同意了他的请求,由他主持,把函谷关迁建到新安,史称"汉函谷关"。见《汉书·酷吏传》及《汉书·武帝纪》。

②〔杜预建桥〕杜预,西晋名将,精通经学。杜预因孟津渡口险峻,船只有覆没的危险,便向晋武帝要求在富平津上建造一座桥。一些人议论说,殷周建都洛阳,

都没有建桥，一定是因为无法建造。杜预说："《诗经》中有'造舟为梁'，说的是河桥。我们可以建一座河桥。"晋武帝听从了杜预的建议。在杜预的主持下，河桥最终建成了。见《晋书·杜预传》。

shòu wáng yì dǐng　　dù lín bó yáo
寿　王　议　鼎①，杜　林　驳　尧②。

◎**注释** ①〔寿王议鼎〕吾丘（复姓，吾，音yú，通"虞"）寿王，西汉人。武帝时为光禄大夫、侍中。元鼎元年（前116年），有人在汾阴发现了宝鼎。大臣都祝贺汉武帝得到周鼎，唯独吾丘寿王称之为汉鼎，说这是上天对汉朝君主功德的奖励。汉武帝非常高兴，赐给吾丘寿王黄金十斤。见《汉书·吾丘寿王传》。

②〔杜林驳尧〕杜林，东汉文学家、经学家。官至大司空。建武六年（30年），杜林任侍御史。朝廷商议郊祀制度，大臣们多认为周王朝郊祀后稷，汉王朝应该郊祀帝尧。光武帝也同意这个观点。杜林认为周室之兴，福祚来自后稷，而汉朝帝业兴起，帝尧没有功劳，前汉郊祀旧制应该因循。最后朝廷采纳了杜林的观点。见《后汉书·杜林传》。

xī shī pěng xīn　　sūn shòu zhé yāo
西　施　捧　心①，孙　寿　折　腰②。

◎**注释** ①〔西施捧心〕西施，又称西子，春秋时期越国美女。西施因心口疼痛而皱眉捂胸。同一里巷有一个丑女看见西施这个样子很美，就去模仿。结果，富人看见她就闭门不出，穷人看见她就赶快躲开。见《庄子·天运》。

②〔孙寿折腰〕孙寿，东汉权臣梁冀之妻。《后汉书·梁冀传》中记载："（孙）寿色美而善为妖态，作愁眉，啼妆，堕马髻，折腰步，龋齿笑，以为媚惑。"唐代李贤注引《风俗通》："折腰步者，足不任体（腿脚软弱无力，好像支撑不住身体似的）。"

灵辄扶轮①，魏颗结草②。

◎**注释** ①〔灵辄扶轮〕灵辄，春秋时晋国的武士。灵辄曾受困于翳（yì）桑，三天没吃饭，差点儿饿死，可巧遇到了赵盾。赵盾给他食物吃，并且多给了他一些食品，让他带给母亲。后来灵辄成为晋灵公的甲士。晋灵公因为赵盾多次犯颜直谏，就埋伏好甲士要杀死赵盾，灵辄倒戈相救，扶翼车轮把赵盾救了出来。赵盾问他缘故，灵辄说："我就是在翳桑挨饿的那个人。"见《左传·宣公二年》。扶轮，扶翼车轮，在一侧推着向前走。

②〔魏颗结草〕魏颗，魏武子之子，春秋时晋国的大夫。魏武子有一个深爱的侍妾，没有生育孩子。魏武子刚生病的时候，对魏颗说："我死之后，一定给她找个人家嫁出去。"后来，魏武子病危，对魏颗说："我死之后，一定要用她来殉葬。"魏武子去世后，魏颗把那个侍妾嫁了出去。他说："人一到病危的时候，脑子就糊涂了。我按照父亲清醒时的吩咐去做。"后来，秦、晋在辅氏打了一仗，魏颗看见一位老人把长草系在一起，使秦国勇士杜回经过时被绊住，魏颗冲上去把他逮住，立了一功。晚上魏颗梦见了那位老人，老人说："我是那个侍妾的父亲。您救了我女儿的命，我因此来报答您。"见《左传·宣公十五年》。结草，把长草系起来。

逸少倾写①，平子绝倒②。

◎**注释** ①〔逸少倾写（xiè）〕王羲之，字逸少，东晋书法家。谢安曾对王羲之说："我进入中年以来，常为悲哀所伤，每次与亲友分别，就会有好多天心情不好。"王羲之说："人到了晚年，自然会如此。年在桑榆，此时正需要用音乐予以排遣（原文是'顷正赖丝竹陶写'）。我也常怕后辈察觉，减损他们的欢乐之趣。"见《世说新语·言语》。倾写，倾吐，倾诉。写，通"泻"。

②〔平子绝倒〕王澄，字平子，西晋名士。王澄名声很大，很少推许别人，但每次听完卫玠的言论之后，就佩服得五体投地。所以当时流传这样的话："卫玠谈道，平子绝倒。"见《晋书·卫玠传》及《王澄传》。绝倒，倾倒，极为佩服。

<u>澹台毁璧</u>①，<u>子罕辞宝</u>②。

◎**注释** ①〔澹台毁璧〕澹台，即澹台灭明，字子羽，孔子的学生。澹台子羽带着一块价值千金的玉璧横渡黄河。船行到河中央，波涛汹涌，有两条蛟龙夹舟而游。澹台子羽说："河伯如果以义来求玉璧，我可以赠送给他；如果以武力来劫夺，那我绝不答应。"他抽出宝剑把两条蛟龙斩断。这时黄河的波涛也平息了，澹台子羽这才把玉璧投入河中。但连投三次，玉璧竟三次被抛回船上。于是澹台子羽砸碎玉璧，离船上岸，以此表示绝无贪吝之意。见《水经注·河水》。毁璧，砸碎玉璧。

②〔子罕辞宝〕子罕，春秋时期宋国的执政大臣。有一个宋国人得到一块璞玉，献给子罕。子罕坚决不接受。献玉的人说："我把它给治玉工匠看，他们都说这是一块宝物，所以才敢献给您。"子罕说："我把不贪看作宝，你把玉看作宝，你把它给我，我们都失去了自己的宝。你还是把它拿走，这样我们各自保住了自己的宝。"献玉的人行了一个大礼说："我是一个平民，带着一块美玉难以回到家乡。"子罕就把他安置到自己的里巷，请玉工给他加工那块璞玉，等到他富裕之后才让他回家。见《左传·襄公十五年》。辞宝，拒绝接受美玉。

<u>东平为善</u>①，<u>司马称好</u>②。

◎**注释** ①〔东平为善〕东平，指东平王刘苍。东汉光武帝刘秀之子，汉明帝之弟。明帝曾问："你在家做什么最快乐？"刘苍回答："为善最乐。"见《后汉书·东平宪王苍传》。

②〔司马称好〕司马，指司马徽，东汉末年隐士。以善于品评人物著称，时称"水镜先生"。东汉末年，中原大乱，司马徽迁居荆州。当时刘表为荆州牧。司马徽知道刘表是一个昏君，不能使境内太平。如果一味说真话，必定难保其身。于是有的人找到他，让他品评，他不管来人是谁，一律说"好"。妻子说："你应该如实评判，怎么能都说好呢？"司马徽说："你说的也是'很好'。"见《世说新语·言语》刘孝标注引《司马徽别传》。

公超雾市^①，鲁般云梯^②。

◎**注释** ①〔公超雾市〕张楷，字公超，东汉人。他精通《严氏春秋》和《尚书》，隐居于弘农山中，向他学经的人从之而居，那里很快成了一个集市。他喜欢道术，能够作法，使方圆五里都笼罩在云雾中。见《后汉书·张霸传附张楷》。雾市，使集市笼罩在浓雾中。

②〔鲁般云梯〕鲁般即鲁班，又称公输班，是战国时期著名的能工巧匠。公输班替楚国造云梯，将用它攻打宋国。墨子到楚国与公输班比试攻防技能，战胜了公输班，劝说楚王放弃了攻宋计划。见《墨子·公输》。云梯，古代攻城器械。

田单火牛^①，江逌爇鸡^②。

◎**注释** ①〔田单火牛〕田单，战国时期齐国名将。公元前284年，燕国大将乐毅出兵攻占临淄（今山东淄博东北），接连攻下齐国七十余城，最后只剩莒城（今山东莒县）、即墨（今山东平度东南）没有攻下。燕兵围攻即墨时，当时仅为齐国王族田氏远房子弟的田单被族人推举为首领。几年后，燕将骑劫取代乐毅，继续围攻即墨。田单先施诈降计，麻痹燕军；然后从城中收集一千多条牛，给它们披上红色的纱衣，上面画上五彩龙纹，在牛角上捆上兵刃，在牛尾巴上拴上灌了脂油的苇草，然后把城墙凿了几十个洞。夜间，用火烧牛尾巴，让牛从墙洞中冲出去，"牛尾热，怒而奔燕军，燕军夜大惊。牛尾炬火光明炫耀，燕军视之皆龙文，所触尽死伤"。五千壮士随在牛群之后冲向燕军，城中百姓"鼓噪从之，老弱皆击铜器为声，声动天地。燕军大骇，败走"。齐军乘胜追击，收复了七十余城。见《史记·田单列传》。

②〔江逌爇鸡〕江逌，东晋名将。曾为中军将军殷浩的长史。殷浩率军北伐，与羌族首长姚襄对阵。姚襄在距殷浩军营十里处安营，殷浩命令江逌带兵攻击姚襄。江逌捉来几百只鸡，用长绳把它们连起来，在鸡的腿上系上引火之物。点火以后，将群鸡驱赶到姚襄的军营中，姚襄军营起火。江逌趁乱发起攻击，打了一个小胜仗。见《晋书·江逌传》。爇，点燃。

蔡裔殒盗①，张辽止啼②。

◎**注释** ①〔蔡裔殒盗〕蔡裔，东晋将领，官至兖州刺史。他气势威猛过人，大吼一声就像打雷一样。曾经有两个小偷潜入他家盗窃，他拍床一吼，那两个小偷竟被吓死。所以，殷浩让他担任北伐军的前锋。见《晋书·蔡裔传》。殒，死亡，丧命。

②〔张辽止啼〕张辽，三国时曹魏名将。建安二十年（215 年），张辽带七千人镇守合肥，孙权带兵十万来攻。张辽挑选八百死士冲锋陷阵，"杀数十人，斩二将"，大大摧折了吴军的锐气。孙权无功而返。张辽之勇震惊东吴。据说当时江东的小孩儿哭泣时，只要家长说"张辽来了"，便立刻不敢再哭了。见《三国志·魏书·张辽传》。

陈平多辙①，李广成蹊②。

◎**注释** ①〔陈平多辙〕陈平，西汉开国功臣，官至丞相。他年轻时，家中贫困，无钱娶妻。乡里富人张负有个孙女五次出嫁，五个丈夫都死了，后来再没有人敢娶她。陈平想娶这个女子。张负到陈平家，发现陈平穷得用一张破席当门，但是他的门外车辙纵横，来拜访的都是有名望的人。张负就把那个孙女嫁给了陈平。见《史记·陈丞相世家》。多辙，车印多，指来访的达官贵人多。

②〔李广成蹊〕李广，西汉名将，屡挫匈奴，战功卓著。他爱护士兵，为人朴质，但不善言辞。听说他的死讯之后，无论是军士还是百姓，都伤心哭泣。司马迁在评价李广时，引用了当时的谚语"桃李不言，下自成蹊（桃树和李树不会说话，但人们都喜欢来摘果子，树下面自然被踩出一条路）"，用以说明虽然李广不善言辞，但他的美德自然而然地感动了周围的人。见《史记·李将军列传》。成蹊，踩出小路。

chén zūn tóu xiá　　shān jiǎn dǎo zài
陈遵投辖①，山简倒载②。

◎**注释**　①〔陈遵投辖〕陈遵，西汉著名豪侠。更始帝时官至大司马护军。他极为好客，每次大宴宾客时，都命人关上大门，把客人的车辖从车上取下投入井中，使客人不能中途离开。见《汉书·游侠传·陈遵》。投辖，把车辖投入井中。辖，固定车轮与车轴的位置，插入轴端孔穴的销钉。

②〔山简倒载〕山简，西晋人。永嘉三年（309年），他被任命为征南将军，镇守襄阳。当地有豪族修建的一座景色很好的园池，名叫高阳池。山简常到那里喝酒，总是酩酊大醉，倒卧在车里被拉回家中。当地有这样的儿歌："山公出何许，往至高阳池。日夕倒载归，茗艼（míng dǐng，酩酊）无所知。"见《晋书·山涛传附山简》。倒载，倒卧在车中。

yuān kè qì zhū　　jiāo fǔ jiě pèi
渊客泣珠①，交甫解佩②。

◎**注释**　①〔渊客泣珠〕渊客，鲛（jiāo）人，古代传说中的人鱼。她们像鱼一样在水中居住，哭泣时，滴下的眼泪就成了珍珠。有一条人鱼向一家人借宿"卖绡（xiāo，丝绸）"。临走时，她向房东要来一张盘子，"泣而出珠满盘，以与主人"。见东晋干宝《搜神记》、张华《博物志》等。泣珠，鲛人眼泪滴下变成珍珠。

②〔交甫解佩〕交甫，即郑交甫，神话人物。相传有一次他在汉水边上行走，遇见两位女子。交甫心生爱慕之情，便请求她们把玉佩送给自己。二女子解下玉佩交给他。郑交甫走了几步之后，发现玉佩不翼而飞，那两位女子也不见了。原来她们是神女江妃的两个女儿。见《列仙传·江妃二女》。

龚胜不屈①，孙宝自劾②。

◎**注释** ①〔龚胜不屈〕龚胜，西汉大臣，官至光禄大夫。王莽篡政后，他隐居乡里。王莽多次派人征召，拜他为上卿，他坚执不受，对门人高晖等说："我受汉家厚恩，无以为报，现在年老了，很快要入土了，怎么能一个人侍奉两姓的皇帝。"说完便安排自己的后事，绝食十四日而死。见《汉书·龚胜传》。

②〔孙宝自劾〕孙宝，西汉颖川鄢陵（今属河南）人。因明经成为郡吏。御史大夫张忠委任孙宝为掾属，想让孙宝教自己的儿子经书。孙宝了解情况以后，上书自劾，要求辞职。孙宝说："你儿子要学经书，按礼应该到我家里来学，而不是让我到你家中去教。"见《汉书·孙宝传》。自劾，上书指出自己的过失。

吕安题凤①，子猷访戴②。

◎**注释** ①〔吕安题凤〕吕安，三国时魏人。与"竹林七贤"之一的嵇康关系密切。一次，吕安到嵇康家拜访，嵇康不在家，嵇康的兄长嵇喜出来招待。吕安没有进门，只是在大门上写了个"鳳（'凤'的繁体字）"字便离开了。嵇喜看了很高兴。其实，"鳳"字拆开来看，即为"凡鳥（'鸟'的繁体字）"，带有讥讽嵇喜是俗人的意思。见《世说新语·简傲》。

②〔子猷访戴〕王徽之，字子猷，王羲之的第五子，东晋琅邪临沂（今山东临沂）人。为人卓荦（luò）不羁。他居住在山阴县，有一天，看到夜雪初霁的美景，忽然想拜访朋友戴逵（字安道）。这时，戴逵住在剡（shàn）县，王徽之便夜乘小船去拜访。船走了一夜才到达戴逵家的门前，子猷却掉头而回。有人问他为什么不敲门进去，他说："我本是乘兴而来，兴尽而返，何必非要见戴安道呢！"见《世说新语·任诞》。

<u>董宣强项</u>①，<u>翟璜直言</u>②。

◎**注释** ①〔董宣强项〕董宣，东汉人。曾担任洛阳令。他秉公执法，不畏强暴，敢于惩治豪族。光武帝的姐姐湖阳公主的奴仆仗势杀人，为湖阳公主所包庇。董宣拦住湖阳公主的车，命令恶奴下车并将之处死。公主向光武帝告状，光武帝命令董宣向公主叩头谢罪。董宣拒不低头，光武帝命人强按也不能使其俯首，因此光武帝称之为"强项令"。见《后汉书·酷吏传》。强项，刚正，不肯低头，形容刚直不屈。

②〔翟璜直言〕翟璜，也作翟黄，战国时期魏文侯的大臣。魏文侯与几位士大夫宴饮，席间问大家："我是一个什么样的君主？"大家说的都是赞扬之语。轮到任座发言，他说："您是一位不贤明的君主。攻取了中山不封给弟弟，却封给儿子，以此知道您不贤明。"文侯不高兴，怒形于色，准备处罚任座。任座吓得快步跑了出去。接下来轮到翟璜发言，他说："您是贤明的君主。我听说过，君主贤明，他的臣子说话就直率。刚才任座的话很直率，可知您很贤明。"文侯听了很高兴，急忙将任座请回来。"任座入，文侯下阶而迎之，终座以为上客。"见《吕氏春秋·不苟论·自知》。（在刘向《新序·杂事一》中，翟璜与任座的话是互换的。）

<u>纪昌贯虱</u>①，<u>养由号猿</u>②。

◎**注释** ①〔纪昌贯虱〕纪昌，古代神射手。纪昌曾经向飞卫学习射箭，飞卫让他去练习眼力，其中一项是"视小如大，视微如著"，意思是能把小的东西看成大的。纪昌用牛尾毛拴住一只虱子挂在南窗上，天天盯着看。过了十多天，他渐渐感觉那只虱子比以前大了。三年之后，他感觉那只虱子就像车轮那样大，看其他东西，感觉它们大如丘山。他用箭射穿了虱心，而那根牛尾毛还没有断。纪昌把这件事告诉飞卫，飞卫高兴地说："你学成了。"见《列子·汤问》。贯虱，用箭把虱子射穿。

②〔养由号猿〕养由，即养由基，战国时楚国的神射手。楚王带人在荆山上打猎。山上有一只通臂猿，擅长抓住向它射来的飞箭。楚王拿它没办法，便命令随从把养由基叫来。那只通臂猿听到养由基摆弄弓箭的声音，还没等他射出箭来便开始号哭。见《淮南子·说山训》。号猿，使猿号哭。

冯衍归里①，张昭塞门②。

◎**注释** ①〔冯衍归里〕冯衍，东汉人。曾与外戚阴就、阴兴来往密切。光武帝吸取西汉外戚宾客扰乱朝政的教训，对阴就、阴兴的宾客加以整治，牵扯到冯衍。冯衍主动到有关部门自首请罪，光武帝不予追究。冯衍回到家乡，闭门自保，不敢再与亲朋来往。见《后汉书·冯衍传》。归里，回到家乡。

②〔张昭塞（sāi）门〕张昭，三国时期东吴的重要谋士。公孙渊背叛曹魏政权，派使者向东吴称臣。孙权决定派张弥、许晏到辽东封公孙渊为燕王。张昭不同意，而孙权坚持自己的意见。张昭因孙权不听劝谏，称病不去上朝。孙权"恨之，土塞其门"，张昭赌气又从里边用土把门堵住。事情结果如张昭所料，公孙渊果真杀害了东吴派去的两位使者。孙权深深自责，亲自登门向张昭认错，君臣重归于好。见《三国志·吴书·张昭传》。塞，堵住。

苏韶鬼灵①，卢充幽婚②。

◎**注释** ①〔苏韶鬼灵〕苏韶，西晋人。曾为中牟县令，咸宁（晋武帝年号）初年（275年）去世。一天白天，苏韶伯父的儿子苏节乘坐一辆马车赶路，看到苏韶显灵。苏韶拦住马车，要苏节替他改葬。见《太平御览》卷八八三引东晋王隐《晋书》。鬼灵，鬼魂显灵。

②〔卢充幽婚〕卢充，《搜神记》中一则故事的主人公。故事中说，卢充二十岁那年外出打猎，后来迷路了，到一座高门府第做客。原来那是少府的府第。少府见了卢充，拿出一封信，说是卢充已去世的父亲给少府的信，让卢充与少府小女结婚。卢充成亲三天后回家，才知道少府及其女儿是鬼魂。四年之后，三月初三那天，卢充在河边遇到了少府的女儿。她把一个小男孩儿交给卢充，那个小男孩儿是她与卢充所生的儿子。见《搜神记》卷十六《崔少府墓》。幽婚，人与鬼结婚。

震畏四知①，秉去三惑②。

◎**注释** ①〔震畏四知〕杨震，东汉大臣，官至太尉。杨震曾被任命为东莱太守。在去东莱的路上，杨震路过昌邑县。县令王密是他任荆州刺史时提拔起来的。王密晚上携带铜币十斤送给杨震。杨震说："我们是朋友。我了解你，你怎么不了解我呢？"王密说："现在是晚上，没有人知道。"杨震说："天知，神知，我知，你知。怎么说没有人知道！"王密羞愧而去。见《后汉书·杨震传》。

②〔秉去三惑〕杨秉，杨震之子。曾做过侍御史、刺史、郡守等官职，以廉洁著称。他从来不饮酒；妻子去世得早，他没续娶；"故吏赍（jī，送）钱百万遗（wèi）之，闭门不受"。他曾说："我有三不惑：酒，色，财也。"见《后汉书·杨震传附杨秉》。

柳下直道①，叔敖阴德②。

◎**注释** ①〔柳下直道〕柳下，这里指柳下惠，春秋时鲁国的贤者。他曾经做过士师（司法官员），多次被贬黜。有人问他："难道你就不能离开这个国家吗？"柳下惠说："我以直道来对待长官，到哪里能不被贬黜？如果我以枉道对待长官，哪里用得着离开祖国！"见《论语·微子》。直道，正道。枉道，歪门邪道。

②〔叔敖阴德〕孙叔敖，春秋时楚国的贤相。他小的时候，一次从外面玩耍回来，忧心忡忡，吃不下饭。母亲问他原因，他哭着说："今天看见两头蛇，恐怕我很快就要死了。我听说谁看见两头蛇就会很快死掉。我害怕其他人再看见，就把它埋了。"母亲说："别担心，你不会因此死去。我听人说过：'有阴德的人，上天会赐福给他。'"人们听说了这件事，都知道孙叔敖是一个有仁德的孩子。后来他当了令尹，还没有施政就已经得到民众的信任。见西汉刘向《新序·杂事一》。阴德，这里指暗中施德于人。

zhāng tāng qiǎo dǐ, dù zhōu shēn kè
张汤巧诋①，杜周深刻②。

◎**注释** ①〔张汤巧诋〕张汤，西汉著名酷吏。他善于迎承汉武帝的意旨行事。如果审讯的人是豪强大户，他一定会舞文巧诋以致其罪。见《汉书·张汤传》。巧诋，编造不实之辞，罗织罪名以诋毁他人。

②〔杜周深刻〕杜周，西汉著名酷吏。他曾经官居执金吾，在追捕强盗和审理桑弘羊、卫皇后亲属案件中，严峻苛刻，毫不留情。汉武帝认为杜周尽力无私，把他提拔为御史大夫。见《史记·酷吏列传》。深刻，也作"刻深"，严峻苛刻。

sān wáng yǐn jīng, èr bào jiū tè
三王尹京①，二鲍纠慝②。

◎**注释** ①〔三王尹京〕三王，指王尊、王章、王骏。西汉元帝、成帝时期，他们先后做过京兆尹，有能吏之称。见《汉书·王吉传附王骏》。尹京，做京兆尹。尹，职官名，主管一方的行政长官。

②〔二鲍纠慝〕二鲍，指鲍永、鲍恢，东汉初人。二人为官以"抗直"闻名，敢于惩治豪门贵戚，使"贵戚敛手"。光武帝常对贵戚们说："你们不要为非作歹，不要激怒二鲍。"见《后汉书·鲍永传》。纠慝，惩处邪恶。慝，邪恶，罪恶。

sūn kāng yìng xuě, chē yìn jù yíng
孙康映雪①，车胤聚萤②。

◎**注释** ①〔孙康映雪〕孙康，西晋人。家贫好学，买不起灯油，冬天的夜晚常在庭院里映着雪光读书。后来做了御史大夫。见《初学记》卷二引《宋齐语》。

②〔车胤聚萤〕车胤，东晋人。自幼聪颖好学，家境贫寒，常无油点灯，夏夜就捕捉萤火虫装在纱袋中，用以照明夜读。后来成为知名学者，做了护军将军、吏部尚书。见《晋书·车胤传》。

lǐ chōng sì bù　　jǐng chūn wǔ jīng
李 充 四 部①，井 春"五 经"②。

◎**注释**　①〔李充四部〕李充，东晋人。曾被任命为大著作郎。当时朝廷典籍混乱，李充删除烦重，以类相从，分作四部。后来这种分类方法成为历代王朝秘阁书籍的基本分类方法。见《晋书·文苑传·李充》。四部，经、史、子、集四种类型。

②〔井春"五经"〕井春，即井丹，字大春，东汉人。曾入太学读书，"通'五经'，善谈论"，所以京都洛阳流传着这样的话："'五经'纷纶井大春。"见《后汉书·逸民传》。"五经"，儒家五部经典著作《诗》《书》《易》《礼》《春秋》。

gǔ yǒng bǐ zhá　　gù kǎi dān qīng
谷 永 笔 札①，顾 恺 丹 青②。

◎**注释**　①〔谷永笔札〕谷永，字子云，西汉长安（今陕西西安）人。精通"五经"，擅长公文写作。当时长安流传着这样的说法："谷子云笔札，楼君卿（楼护字君卿）唇舌。"见《汉书·游侠传·楼护》。笔札，书信及公文。

②〔顾恺丹青〕顾恺，即顾恺之，东晋人。博学多艺，特别擅长绘画，是我国古代著名画家。见《晋书·文苑传·顾恺之》。丹青，红色和青色两种颜料，借指绘画。

dài kuí pò qín　　xiè fū yìng xīng
戴 逵 破 琴①，谢 敷 应 星②。

◎**注释**　①〔戴逵破琴〕戴逵，东晋人。博学多才，擅长弹琴。身为太宰的武陵王司马晞（xī）听说戴逵琴弹得好，就派人去召见他。戴逵当着使者的面把琴砸坏，说："我戴逵不是你武陵王家的伶人（乐师）！"见《晋书·隐逸传·戴逵》。

②〔谢敷应星〕谢敷，东晋会稽（今浙江绍兴）人，著名隐士。隐居太平山十余年，官府多次征召他为官，他都不出山。有一年，天象出现"月犯少微星（又叫

处士星）"。人们解释说，有一个处士要归天了。当时戴逵住在剡县，多才多艺且人缘很好，比谢敷成名早。人们都担心戴逵将不久于人世。不久谢敷去世，人们便认为谢敷上应少微星。会稽人于是嘲笑吴郡人（剡县属吴郡）："吴中高士，便是求死不得死。"见《晋书·隐逸传·谢敷》。应星，这是一种迷信观念，认为天上的星辰与人间著名人物有对应关系。

阮宣杖头①，毕卓瓮下②。

◎**注释**　①〔阮宣杖头〕阮宣，即阮修，字宣子，西晋名士，曾任鸿胪卿、太子洗（xiǎn）马，为人任性自适。他经常挂着拐杖散步，在拐杖上挂上一百枚铜钱，到酒馆中独自畅饮，即使是遇到当朝权贵，也不肯上前拜见。见《世说新语·任诞》。

②〔毕卓瓮下〕毕卓，东晋人，曾做过吏部郎，喜欢喝酒。邻居家新酒酿好，毕卓"因醉，夜至其瓮间取饮之，主者谓是盗，执而缚之"。直到第二天早晨，主人才知道绑住的是邻居吏部郎。毕卓"遂引主人燕瓮侧，取醉而去"。见《世说新语·任诞》刘孝标注引《晋中兴书》。

文伯羞鳖①，孟宗寄鲊②。

◎**注释**　①〔文伯羞鳖〕文伯，即春秋时鲁国大夫公父（fǔ）文伯。他为人吝啬，不识大体。有一天，他宴请南宫敬叔，请露睹父（fǔ）为陪客。有一道菜是鳖鱼，那个鳖鱼个头儿很小。露睹父很生气，说："等鳖鱼长大了再吃吧！"转身离开公父文伯家。公父文伯的母亲听说这件事，非常生气地说道："我听老人说过：'祭祀祖先的时候，要诚心诚意地让祖先吃好；宴请宾客的时候，要诚心诚意地让宾客吃好。'一只鳖算得了什么，竟然使客人怒气冲冲地离开！"她把公父文伯赶出家门，五天后，经过好多人劝解才让他回来。见《国语·鲁语下》。羞鳖，献上鳖鱼这道菜。羞，进献食物。

②〔孟宗寄鲊〕孟宗，三国时吴国人。父亲早亡，他对母亲非常孝顺。他任监池司马，亲自结网捕鱼，做了一道鲊鱼派人送给母亲。他的母亲又让人送了回来，说道："你现在是管理渔业的官员，这样做不合适。"见《三国志·吴书·孙皓传》裴松之注引《吴录》。

shǐ dān qīng pú　zhāng zhàn bái mǎ
史 丹 青 蒲①，张 湛 白 马②。

◎ **注释**　①〔史丹青蒲〕史丹，西汉人。元帝为太子时任中庶子，侍从十余年。青蒲，青色的蒲团。元帝晚年想废太子刘骜，改立定陶王为太子。王皇后、太子没有办法见到元帝，束手无策。史丹作为元帝的亲密侍臣，有机会见到元帝。他等到元帝单独休息时，进入元帝的卧室，"顿首伏青蒲上"，哭着说废立太子之弊，以死相请，保住了太子，维护了国家的稳定。见《汉书·史丹传》。

②〔张湛白马〕张湛，东汉人，曾被任命为光禄勋。光武帝在朝堂上有时出现懈怠的神情，张湛便上前劝谏。他常常骑白马，后来光武帝一见到张湛便说："白马生又要上谏书了。"见《后汉书·张湛传》。

yǐn zhī gǎn lín　wáng xiū chuò shè
隐 之 感 邻①，王 修 辍 社②。

◎ **注释**　①〔隐之感邻〕吴隐之，东晋人，著名廉吏。吴隐之十岁时，父亲去世。他每次因思念父亲而号哭时，路上行人都不禁（jīn）伤心流泪。隔壁太常韩康伯的母亲每次听到吴隐之的哭声，都禁不住"辍餐投箸（zhù，筷子），为之悲泣"。后韩康伯任吏部尚书，推举吴隐之做了官。见《晋书·良吏传·吴隐之》。

②〔王修辍社〕王修，三国时魏人，官至大司农郎中令。辍社，停止祭社。王修七岁时母亲去世，那一天是乡村祭社日。第二年，乡村祭社，非常热闹。王修想起了母亲，哭得很伤心，村里的人因此不再祭社。见《三国志·魏书·王修传》。

ruǎn fàng bā jùn　　jiāng quán sì xiōng
阮 放 "八 隽"①，江 泉 "四 凶"②。

◎**注释**　①〔阮放"八隽"〕阮放，东晋名士，曾任吏部郎，人称宏伯。与郗鉴（方伯）、胡毋辅之（达伯）、卞壸（kǔn）（裁伯）、蔡谟（朗伯）、阮孚（诞伯）、刘绥（委伯）、羊曼〔鳎（tà，放纵豁达）伯〕等七人并称"兖州八伯"，用以比拟古代的"八俊"。见《晋书·羊曼传》。隽，通"俊"。

②〔江泉"四凶"〕江泉，东晋人。曾官居大鸿胪，因能吃而被称作"谷伯"。他与史畴（因太胖称"笨伯"）、张嶷（yí）（因狡妄称"猾伯"）、羊聃（dān）（因狼戾称"琐伯"）被人们称为"四伯"，用以比拟古代的"四凶"。见《晋书·羊曼传》。泉，《全唐诗》存本作"臮（jì，同'暨'）"，未从。

huà xīn wǔ zhǐ　　chén qún cù róng
华 歆 忤 旨①，陈 群 蹙 容②。

◎**注释**　①〔华歆忤旨〕华歆，三国时魏国相国。忤旨，指违背君主的心意。魏文帝接受汉献帝的禅让做了皇帝，朝廷大臣从三公以下都接受了新王朝的封爵，唯独华歆因形色不悦惹怒了魏文帝而没有得到爵位，职位也由相国降为司徒。见《三国志·魏书·华歆传》。

②〔陈群蹙容〕陈群，三国时魏国大臣，官至司空、尚书令。蹙容，忧伤的面容。魏文帝接受汉献帝的禅让时，陈群有伤心之色。魏文帝问："我顺应天命做了皇帝，你为什么不高兴？"陈群说："我与华歆曾为汉朝臣子，现在虽然为大魏受命而喜悦，但还是不能不为汉朝失去天命而感到悲伤。"见《世说新语·方正》。

wáng jùn xuán dāo　　dīng gù shēng sōng
王 濬 悬 刀①，丁 固 生 松②。

◎**注释**　①〔王濬悬刀〕王濬，西晋人，曾官居广汉太守。他梦见有三把刀悬挂在卧室的屋梁之上，转眼又增加了一把。王濬一下子惊醒了，心中闷闷不乐。主簿替他解梦："三刀为州字，又益（增加）一者，明府其临益州平（您大概要升迁为益州刺史吧）？"后来王濬果然升任益州刺史。见《晋书·王濬传》。

②〔丁固生松〕丁固，三国时吴国人，曾官居尚书。他梦见肚子上长出一棵松树，向人解释说："松字可拆为'十八公'三个字，难道说十八年之后我将登上三公之位吗？"十八年之后，丁固果然登上三公之位，官拜司徒。见《三国志·吴书·孙皓传》裴松之注引《吴书》。

姜维胆斗①，卢植音钟②。

◎**注释** ①〔姜维胆斗〕姜维，三国时蜀汉著名军事统帅。蜀国灭亡后，姜维归降魏将锺会。锺会谋反，姜维与锺会为乱军所杀。姜维死后尸体被剖开，人们看到他的胆如斗大。见《三国志·蜀书·姜维传》裴松之注引《世语》。

②〔卢植音钟〕卢植，东汉大臣，灵帝时任侍中、尚书。史书记载他说话响亮如钟。见《后汉书·卢植传》。

桓温奇骨①，邓艾大志②。

◎**注释** ①〔桓温奇骨〕桓温，东晋明帝的女婿，官至大司马大将军。奇骨，骨相奇特。桓温未满周岁时，被朝廷重臣温峤（jiào）看到。温峤对孩子的父亲桓彝说："这个孩子骨相奇特，您让他哭两声。"温峤听到哭声后说："这真是个带英雄气的孩子！"桓温长大后，一度执掌东晋朝政，曾三次率兵北伐。见《晋书·桓温传》。

②〔邓艾大志〕邓艾，三国时魏国将领。邓艾年轻时，家境贫寒，但胸怀大志。每次看见高山大泽，他便思考如何驻扎军队、排兵布阵。当时的人都嘲笑他。公元263年，他与锺会分别率军攻打蜀国。他率先进入成都，推翻了蜀汉政权。见《三国志·魏书·邓艾传》。

$$\text{yáng xiū jié duì，luó yǒu mò jì}$$
杨修捷对①，罗友默记②。

◎**注释** ①〔杨修捷对〕杨修，东汉人，曾为丞相曹操主簿。杨修思维敏捷，善于应答。他曾外出，估计曹操将有事要问，便先写出回答文辞，告诉守门人，如果丞相有教令来问，就按书写的次序回答。后来果如杨修所料。这样几次以后，曹操开始对杨修心怀畏忌；且因他是袁术的外甥，怕有后患，所以找个机会把他杀掉了。见《后汉书·杨震列传附杨修》。捷对，思维敏捷，善于应答。

②〔罗友默记〕罗友，东晋人。他曾随桓温入蜀推翻李势政权，将成都城阙观宇的方位、内外城道路的宽窄、果树竹林种植多少都默记在心。后桓温与人谈论蜀中之事，"有所遗忘"。罗友在场，一一说来，"曾无错漏"。桓温找来有关资料核对，发现与罗友所说完全相符，"坐者叹服"。见《世说新语·任诞》。

$$\text{dù kāng zào jiǔ，cāng jié zhì zì}$$
杜康造酒①，苍颉制字②。

◎**注释** ①〔杜康造酒〕杜康，即少康，周朝（一说夏朝）时人。传说为最早造酒的人。见《书·酒诰》孔颖达疏所引《世本》。

②〔苍颉制字〕苍颉，亦作仓颉，号史皇氏。传说为黄帝的史官，汉字的创造者。见《淮南子·本经训》。

$$\text{chū lǐ zhì náng，biān sháo jīng sì}$$
樗里智囊①，边韶经笥②。

◎**注释** ①〔樗里智囊〕樗里，又称樗里子，战国时秦惠文王的异母弟，武王时任丞相。足智多谋，秦人称之为"智囊"。见《史记·樗里子甘茂列传》。智囊，形容人计谋多，智慧超人。

②〔边韶经笥〕边韶，字孝先，东汉学者，以善于著述、精通儒学闻名于世。

有几百个弟子拜他为师，向他学习儒学。有一次，边韶白天打盹，他的弟子编了个顺口溜嘲笑他说："边孝先，腹便便（pián pián）。懒读书，但欲眠。"边韶听到了，马上回应道："边为姓，孝为字。腹便便，'五经'笥。但欲睡，思经事。寐与周公通梦，静与孔子同意。师而可嘲，出何典记？"说得"嘲者大惭"。见《后汉书·文苑传上·边韶》。经笥，盛放经书的方形竹器。

téng gōng jiā chéng　　wáng guǒ shí yá
<u>滕 公 佳 城</u>①，<u>王 果 石 崖</u>②。

◎ **注释**　①〔滕公佳城〕滕公，即夏侯婴，因曾任滕县县令，故称滕公。西汉开国功臣，官至太仆。他曾经坐车到东都门，马站在那里不肯前进，并且不停地用蹄子刨地。滕公派随从在马刨地的地方往下挖，在三尺处挖到了一块石头，上面有铭文，大意是："壮美的城郭，三千年后将要见天日，滕公啊将要被埋葬在这里。"后来滕公去世，就被埋葬在那个地方。见《西京杂记》。佳城，壮美的城郭，后喻指墓地。

②〔王果石崖〕王果，唐朝人。他出任雅州刺史路过三峡时，船停泊在长江边上，仰头看见江边半山崖上有一口石棺摇摇欲坠。王果登崖查看，发现石棺上有铭文："欲堕不堕逢王果。"王果便把这口棺材埋葬好，拜祭之后才离开。见《太平广记》卷三百九十一。

mǎi qī chǐ jiào　　zé shì fàn zhāi
<u>买 妻 耻 醮</u>①，<u>泽 室 犯 斋</u>②。

◎ **注释**　①〔买妻耻醮〕买，指朱买臣，西汉人。朱买臣家中贫穷，靠打柴为生。他背着柴火，边走边吟诵诗书。他的妻子跟在后面觉得羞耻，劝他不要诵读。朱买臣不听，妻子便离他而去。朱买臣后来做了会稽太守。赴任时，朱买臣在修路迎接自己的人群中发现了再嫁的妻子和她的后夫，便将他们拉回府园中住了一个月。前妻因而羞惭自杀。见《汉书·朱买臣传》。耻醮，以再嫁为耻。旧谓女子再嫁为再醮。

②〔泽室犯斋〕周泽，东汉人，曾被任命为太常，尽职尽责地敬奉皇家宗庙。一次他生了病，仍在太庙斋宫斋戒。他的妻子可怜他年老多病，到太庙来看望他。他非常生气，认为妻子违犯了斋戒的禁令，便把她抓起来送进监狱，并向皇帝请罪。见《后汉书·儒林列传下》。犯斋，违犯斋戒的禁令。

mǎ hòu dà liàn　　mèng guāng jīng chāi
马后大练①，**孟光荆钗**②。

◎**注释**　①〔马后大练〕马后，汉明帝的贵人，后立为明德皇后。她曾说："我作为皇后，一定要以身作则，身穿练缣（jiān）做的衣裙，不吃甘美的食物，不设薰香之类的装饰。"见《东观（guàn）汉记》卷六《传一·明德马皇后》。大练，粗厚的帛制品。

②〔孟光荆钗〕孟光，东汉隐士梁鸿的妻子。她嫁给梁鸿之后，生活简朴，以粗布为裙，以荆枝为钗，同丈夫隐居在霸陵山中。见《后汉书·逸民列传·梁鸿》。

yán shū bǐng zhú　　sòng hóng bù xié
颜叔秉烛①，**宋弘不谐**②。

◎**注释**　①〔颜叔秉烛〕颜叔，即颜叔子，相传为春秋时鲁国人，为人有操守。他曾经独处一室。他的邻居是一位寡妇，晚上有疾风暴雨刮倒、淋塌了她的屋子，她便跑到颜叔子家。颜叔子让她进屋，但为了避嫌，让她一夜秉烛而坐，直到天亮。见《诗·小雅·巷伯》毛传。

②〔宋弘不谐〕宋弘，东汉初年人，曾官居大司空，封宣平侯。光武帝的姐姐湖阳公主在丈夫去世后，有意再嫁宋弘。光武帝召见宋弘，让姐姐在屏风后听他们谈话。刘秀问："俗话说，地位升高了就忘记老朋友，富有了就想另娶妻子，这是人之常情吗？"宋弘答道："我听说，贫贱时交的朋友不能忘记，吃糟糠时娶的妻子不应该下堂劳作。"光武帝听后，回过头向屏风后的姐姐说："事不谐矣。"见《后汉书·宋弘传》。不谐，不能如愿以偿。

邓通铜山①，郭况金穴②。

◎**注释** ①〔邓通铜山〕邓通，西汉蜀郡南安（今四川乐山）人，深得汉文帝的宠幸。汉文帝把蜀郡严道县的铜山赐给他，准许他自行铸钱，因此邓通钱流通，遍及天下。见《史记·佞幸列传》。后以"邓氏（家）铜山"指财资或致富之资。

②〔郭况金穴〕郭况，东汉初年人。他的姐姐郭圣通为光武帝的皇后。光武帝经常到他家去，赏赐给他许多财物。因此，京城中称郭况家为"金穴"。见《后汉书·皇后纪上·光武郭皇后》。

秦彭攀辕①，侯霸卧辙②。

◎**注释** ①〔秦彭攀辕〕秦彭，东汉人。他曾为山阳太守，后转任颍川太守，做了许多兴利除弊的事情，深得百姓爱戴。当他离任时，百姓们拉着他的车辕，扣住马头，号哭着挽留他。《后汉书·循吏传·秦彭》中述及"百姓怀爱"和章帝"赏赐钱谷，恩宠甚异"，但未见百姓"攀辕"之事。有这事的是侯霸、第五伦、孟尝。攀辕，牵拉着车辕，不让车前行。

②〔侯霸卧辙〕侯霸，东汉人，光武帝时官至大司徒。此前王莽时，曾做过淮平大尹。王莽失败，侯霸力保一郡平安。更始帝元年（23年），刘玄派使者征召侯霸到京城，"百姓老弱相携号哭，遮使者车"，有的"当道而卧"，不让马车通过，乞求侯霸再留任一年。见《后汉书·侯霸传》。卧辙，躺在路上不让车行走。辙，车辙。

淳于炙辀①，彦国吐屑②。

◎**注释** ①〔淳于炙辀〕淳于，即淳于髡（kūn），战国时齐国人。博学强记，滑（gǔ）稽善辩，多次出使诸侯，没有遇到过困辱。与梁惠王交谈三天三夜也不显疲倦。当时人称"炙毂过（过，此处通'輠'）髡"。意思是淳于髡如涂上油脂的车轴转动无碍，智慧无穷。见《史记·滑稽列传》及《孟子荀卿列传》。炙，烤。輠，古代车上盛润滑油的器具。车轮转动则生热，輠遇热则膏油流出，车轴得以润滑，转动无碍。比喻言语流畅，智慧无穷。

②〔彦国吐屑〕胡毋（复姓）辅之，字彦国，东晋人，擅长谈论老庄哲理。王澄曾经给别人写信说："（彦国）吐佳言如锯木屑，霏霏不绝（口吐美妙言辞，就像锯木头时木屑纷飞不断一般）。"见《晋书·胡毋辅之传》。

<u>太真玉台</u>①，<u>武子金埒</u>②。

◎**注释**　①〔太真玉台〕温峤，字太真，东晋名臣，明帝时任中书令，成帝时任骠骑（piào jì）将军。温峤起初在并州时为刘琨谋主，带兵北伐刘聪，得到一枚玉镜台。他的表姑有一个女儿待字闺中，"甚有姿慧"，托温峤给她物色一个女婿。温峤丧妇，打算娶她做妻子，就问姑母："好女婿难以找到，条件差一点儿像我这样的可以吗？"姑母说："怎敢想像你一样的女婿！"过了几天，温峤告诉姑母已经找到了，于是把玉镜台作为定礼。"姑大喜"。到结婚那天，"女以手披纱扇，抚掌大笑曰：'我固疑是老奴（指温峤），果如所卜。'"见《世说新语·假谲》。

②〔武子金埒〕王济，字武子，晋朝人。性情豪奢。他爱好骑射，在洛阳买了一块地作圈马骑射用，所花的钱相当于把铜钱穿成串紧挨着摆在地上，直到四边的墙根下（一说把铜钱编成串挂满围墙）。时人称之为"金埒"（一作"金沟"）。见《世说新语·汰侈》及《晋书·王济传》。金埒，铜币垒砌的骑射场。埒，矮墙。

<u>巫马戴星</u>，<u>宓贱弹琴</u>①。

◎**注释**　①〔巫马戴星，宓（fú）贱弹琴〕巫马，复姓，指巫马子期，春秋时期鲁国人（一说陈国人），孔子弟子，曾被任命为单父（shàn fǔ，今山东菏泽单县）宰。

他披星戴月地工作，才把单父治理好。戴星，披星戴月地工作。宓贱，即宓子贱，春秋时期鲁国人，孔子弟子。鲁君派他去治理单父。他每天弹琴取乐，悠闲自在，很少走出公堂，也把单父治理得很好。巫马子期便向他请教施政的秘诀，他说："我靠的是用人，你靠的是自己出力。自己出力，当然劳累；靠别人出力，自己当然清闲。"见《吕氏春秋·察贤》。宓，今多读 mì。

<big>hǎo lián liú qián　　léi yì sòng jīn
郝 廉 留 钱①，雷 义 送 金②。</big>

◎**注释**　①〔郝廉留钱〕郝廉，即郝子廉，东汉人。他家中贫穷，虽然吃不饱穿不暖，但从不沾别人的光。他曾经到妹妹家吃饭，临走时悄悄地把钱放在席子底下。见《风俗通·愆（qiān）礼》。

②〔雷义送金〕雷义，东汉人。曾为郡功曹，救过人一命，被救者拿出铜币二斤来酬谢，雷义拒不接受。那人趁雷义不注意，把铜币扔在承尘（古代架在房梁上的木板，类似今天的天花板）上。雷义修理房屋时才发现，但那人已经去世，雷义就把铜币送到县衙。见《后汉书·独行传》。

<big>páng méng guà guān　　hú zhāo tóu zān
逢 萌 挂 冠①，胡 昭 投 簪②。</big>

◎**注释**　①〔逢（páng）萌挂冠〕逢萌，东汉人。西汉末年，他曾在长安游学，听说王莽暂居皇帝之位处理政务，王莽的儿子王宇劝谏，被王莽处死。逢萌对朋友们说："三纲已经断绝，再不离开长安就要遭殃了。"他当即摘下官帽挂在东都城门，带着家属迁到辽东居住。见《后汉书·逸民列传》。逢，"逄"（páng）的本字，姓。挂冠，放弃仕途做平民。

②〔胡昭投簪〕胡昭，三国时期颖川（今河南禹州）人。胡昭先后拒绝袁绍、曹操征召，隐居在陆浑山中，"投簪卷带，韬声匿迹"，"躬耕乐道，以经籍自娱"。见《文选·北山移文》李善注引挚虞《征士胡昭赞》和《三国志·魏书·管宁传附胡

昭》。投簪，拔下簪子，指不做官。簪，绾（wǎn）发和固定冠冕的长针。

<u>王乔</u>双<u>凫</u>①，<u>华佗</u>五<u>禽</u>②。
wáng qiáo shuāng fú   huà tuó wǔ qín

◎**注释** ①〔王乔双凫〕王乔，东汉河东（今属山西）人，会法术。汉明帝时，曾为叶县令，每月初一、十五从叶县来见明帝。明帝觉得王乔来得太勤，并且从未看到过他的车马，便让太史令秘密观察。太史令报告，王乔将到时，便有一对凫鸟从东南飞来。于是等二鸟飞来的时候，太史令命人用罗网捕捉，结果发现罗网中扣住的不是鸟，而是一双鞋。经查验得知，这是四年前明帝赐给王乔的鞋子。见《后汉书·方术传上》。凫，水鸟名，俗称野鸭。

②〔华佗五禽〕华佗，东汉神医。五禽，指五禽戏，古代一种模仿鸟兽动作的体操。《后汉书·华佗传》载，华佗主张，人经常运动，"则谷气得销，血脉流通，病不得生"。他说："吾有一术，名五禽之戏：一曰虎，二曰鹿，三曰熊，四曰猿，五曰鸟。亦以除疾，兼利蹄足。""体有不快，起作一禽之戏，怡而汗出……身体轻便而欲食。"

<u>程邈</u>隶书①，<u>史籀</u>大篆②。
chéng miǎo lì shū   shǐ zhòu dà zhuàn

◎**注释** ①〔程邈隶书〕程邈，秦代书法家。据说他曾为狱吏，因犯罪在云阳监狱中被囚禁十年。他在狱中对篆书加以改造，得新体隶书三千字。秦始皇得知，把他释放出来并让他做御史，确定文字的写法。程邈所定书体就是隶书。见《晋书·卫瓘张华列传》。

②〔史籀大篆〕史籀，周宣王的史官。曾著《大篆》十五篇，与古代文字有同有异。这就是人们所说的"籀书"，也称"籀文"。

<pre>
wáng chéng yú dào   bǐng jí niú chuǎn
  王   承 鱼 盗①， 丙 吉 牛 喘②。
</pre>

◎**注释** ①〔王承鱼盗〕王承，东晋人，曾做过东海太守，为政宽和。有一个小吏偷钓官池中的鱼被发现，管理人员要治他的罪。王承说："文王的园林与民众共用，钓走几条鱼算什么！"就把那个钓鱼的小吏释放了。见《晋书·王承传》。

②〔丙吉牛喘〕丙吉，西汉人，为人忠厚，识大节，汉宣帝时丞相。有一次出行，碰到有人斗殴，"死伤横道"，丙吉"过之不问"。又看见有人驱赶一头牛，那头牛气喘得直吐舌，丙吉便派人问这头牛为什么这么喘。随从人员问道："百姓斗殴死伤，您该问不问；牛喘是小事，丞相却要过问。这是怎么回事？"丙吉说："百姓斗殴死伤，是地方官该管的事，宰相不该过问这些小事。现在是初春，天气还不该太热，牛喘可能是气候异常，阴阳失调，恐怕要影响农作物生长。三公主管调和阴阳，所以要过问。"见《汉书·魏相丙吉传》。"丙"，又写作"邴"。

<pre>
jiǎ cóng qiān wéi   guō hè lù miǎn
 贾 琮 褰 帷①， 郭 贺 露 冕②。
</pre>

◎**注释** ①〔贾琮褰帷〕贾琮，东汉人，灵帝时曾被任命为冀州刺史。按旧制，州府的驿车要挂红色帷幔，到州界去迎接。贾琮坐上州府传（zhuàn）车（古代驿站的专用车辆），命赶车人撩起车上的红色布幔，说："刺史应该远视广听，察辨美恶，怎能挂着布幔自掩耳目呢？"听说贾琮即将到任，那些贪官吓得纷纷上交印绶，辞职逃走。见《后汉书·贾琮传》。褰帷，撩起帷幔。褰，撩起，揭起（衣服、帐子等）。

②〔郭贺露冕〕郭贺，东汉大臣。光武帝建武年间为尚书令，后任荆州刺史。他在任上政绩卓著，深得民心。汉明帝巡狩到南阳，赐给他三公的朝服，黼黻（fǔ fú）旒（liú）冕（黼，古代礼服上绣的黑白相间的花纹。黻，青黑相间的花纹。旒，礼帽前后缀的玉串。冕，礼帽），特命他视察下属郡县时揭开传车布幔，使百姓能够看到其服饰，以表彰其美德。见《后汉书·郭贺传》。露冕，露出冠冕。

冯媛当熊①，班女辞辇②。

◎**注释** ①〔冯媛当熊〕冯媛，西汉元帝宠妃，入宫时为婕妤（jié yú）。一天，元帝到虎圈斗兽，有一只熊逃出了圈，"攀槛欲上殿，左右贵人傅昭仪等皆惊走"。冯媛却冲到熊的前面站住，挡在了元帝身前。元帝的随从杀死了那头熊。元帝问她："面对猛兽，谁都害怕，你为什么冲上前挡住熊？"冯媛说：'猛兽吃到人就不会再伤害其他人了。我怕熊伤害到您，所以用身体挡住它。"元帝听了，立即改立她为昭仪。见《汉书·外戚传下》。当熊，用身体挡住熊。

②〔班女辞辇〕班女，即班婕妤，西汉成帝的妃子。成帝在后庭中乘车游赏，让班婕妤同坐一辆辇车。班婕妤推辞道："古代流传下来的图画上面，明君圣主身边都有名臣陪伴，三代昏君身边才有女子陪伴。现在您想让我与您同辇，难道不是和'三代末主'相似吗？"成帝于是不再要求她同车了。见《汉书·外戚传下》。辞辇，拒绝同乘一辆辇车。

王充阅市①，董生下帷②。

◎**注释** ①〔王充阅市〕王充，字仲任，东汉会稽上虞（今属浙江）人。他家中贫穷，买不起书，经常到洛阳集市上看卖书人的书，读过一遍之后就能背诵下来。见《后汉书·王充传》。阅市，阅读市场上出售的书。

②〔董生下帷〕董生，指董仲舒，西汉思想家、经学家。汉景帝时，被任命为博士，讲授《公羊春秋》。他放下布帷，开课授业，潜心研究学问，三年不出大门观看外面的景色。见《史记·儒林列传》。下帷，放下室内悬挂的帷幕，指教书。后引申指闭门苦读。

píng shū fù fěn　　hóng zhì níng zhī
平 叔 傅 粉①，弘 治 凝 脂②。

◎**注释**　①〔平叔傅粉〕何晏，字平叔，三国魏玄学家。《晋书》称他"好服妇人之服"，"美姿仪而色白"，犹如敷粉，"行步顾影"，人称"傅粉何郎"。《世说新语·容止》亦见。后以"傅粉何郎"称美男子。傅（一说读 fū）粉，搽粉。傅，涂抹，搽。

②〔弘治凝脂〕杜乂（yì），字弘治，东晋京兆杜陵（今陕西西安东南）人。曾任公府掾、丹阳丞，袭爵当阳侯。《世说新语·容止》："王右军见杜弘治，叹曰：'面如凝脂，眼如点漆，此神仙中人也。'"凝脂，即脂膏。

yáng shēng huáng què　　máo zǐ bái guī
杨 生 黄 雀①，毛 子 白 龟②。

◎**注释**　①〔杨生黄雀〕杨生，即杨宝，东汉弘农华阴人。九岁时，他在华阴山北把一只被鸱鸮（chī xiāo）咬伤落地又被蚂蚁团团围住的黄雀救回家中，精心调养；等黄雀的伤养好之后，又把它放走。事后，杨宝梦见黄雀化作一个黄衣童子回来报恩：他自称西王母使者，把白环四枚赠送给杨宝，说道："令君子孙洁白，位登三事（即三公，东汉以太尉、司徒、司空为三公），当如此环矣。"此后，杨宝的儿子杨震、孙子杨秉、曾孙杨赐、玄孙杨彪均如黄衣童子所说一样，"四世太尉，德业相继"，而且品德操守方面都非常清白。参见南朝梁吴均《续齐谐记》。

②〔毛子白龟〕毛子，即毛宝，字硕真。他是东晋名将，因功封州陵侯，在北伐中原时兵败遇害。白龟，古人认为祥瑞之物。传说东晋成帝咸康年间，豫州刺史毛宝镇守邾（zhū）城。有一位军人在集市上买了一只仅有四五寸长的白龟，把它养大以后，就放到江中。"后邾城遭石季龙攻陷，毛宝弃豫州，赴江者莫不沉溺。"那位养龟放龟的军人也披着铠甲，手持军刀，自投于水中，"觉如堕一石上，水裁（才）至腰，须臾游出，中流视之"，原来是先前所养的那只白龟。这只白龟一直把他送到对岸。事见托名东晋陶潜《搜神后记》。

sù liú cǎi sāng　　qī shì yōu kuí
宿 瘤 采 桑①，漆 室 忧 葵②。

◎**注释**　①〔宿瘤采桑〕出自西汉刘向《列女传·齐宿瘤女》："宿瘤女者，齐东郭采桑之女，闵王之后也。项有大瘤，故号宿瘤。"后以"宿瘤"作为丑女的代称。宿，时间长的。

②〔漆室忧葵〕相传春秋时，鲁国漆室有一位女子倚柱叹息。邻居一位妇人问她是否想嫁人，漆室女说："我是担心国君年老而太子幼小。"邻妇说："这用得着你担忧吗？"漆室女说："从前有客人来我家，把马拴在园子里。马跑了，踏坏园里的葵，害得我们终年尝不到葵味。今后鲁国有难，我们即使是普通女子，难道能避免吗？"见西汉刘向《列女传·鲁漆室女》。漆室，春秋时鲁国的一个城邑名。葵，蔬菜名。

wéi xián mǎn yíng　　xià hóu shí jiè
韦 贤 满 籯①，夏 侯 拾 芥②。

◎**注释**　①〔韦贤满籯〕韦贤，鲁国邹（今山东邹城东南）人，西汉大臣。他精通《诗》《礼》《尚书》，号称"邹鲁大儒"。韦贤有四个儿子，长子曾为高寝令，早丧；次子官至东海太守；三子留守邹县为父亲守坟；小儿子韦玄成以才学超群受到皇帝重用，位至丞相。因此，邹县有谚语说："遗（yí，也有的学者认为应读 wèi）子黄金满籯，不如一经。"见《汉书·韦贤传》。籯，箱笼类的竹器。古人常用来盛放金银财宝。

②〔夏侯拾芥〕夏侯，指夏侯胜，西汉武帝时政治家、文学家。《汉书·夏侯胜传》载，夏侯胜教育学生好好读经，说是如果精通经术，将来考取功名就像"拾地芥"一样容易；如果不明经术，还不如回家种田。芥，即地芥，地上的小草。

阮简旷达①，袁耽俊迈②。

◎**注释** ①〔阮简旷达〕东晋戴逵《竹林七贤论》："阮简，咸之从子（侄子）。亦以旷达自居。"旷达，豪放豁达。

②〔袁耽俊迈〕袁耽，东晋人，官至司徒从事中郎。俊迈，雄健豪迈。《世说新语·任诞》："陈郡袁耽俊迈多能。"

苏武持节①，郑众不拜②。

◎**注释** ①〔苏武持节〕苏武，西汉大臣，公元前100年受汉武帝派遣，手持使者的符节出使匈奴。后遭扣留，坚贞不屈，十九年后得以归汉。见《汉书·苏武传》。节，符节，古代使者所持以作凭证。

②〔郑众不拜〕郑众，东汉经学家，经学界称之为"先郑"，以区别于"后郑"郑玄。从父学《左氏春秋》，作《春秋难记条例》，兼通《易》《诗》。汉明帝时为给(jǐ)事中，持节出使匈奴。匈奴想让郑众跪拜单于，郑众不拜。单于大怒，把他软禁起来，"不与水火，欲胁服"他。郑众拔刀自誓，坚执不屈。"单于恐而止"。见《后汉书·郑众传》。

郭巨将坑①，董永自卖②。

◎**注释** ①〔郭巨将坑〕郭巨，东汉人，原本家道殷实。父亲死后，他把家产分作两份，给了两个弟弟，自己独自供养母亲，事母极孝。后家境逐渐贫困，妻子生一男孩儿，郭巨担心养这个孩子必然影响供养母亲，便和妻子商量埋掉儿子。当他们挖坑时，在地下忽见一坛黄金，"中有丹书曰：'孝子郭巨，黄金一釜，以用赐汝。'"夫妻得到黄金，回家孝敬母亲，并得以兼养孩子。见东晋干宝《搜神记》卷十一。

②〔董永自卖〕董永，汉朝人。家贫，自幼丧母，靠种地养活父亲。父死，无钱治丧，董永便自卖为奴以葬父。见东晋干宝《搜神记》卷一。

zhòng lián dǎo hǎi　　fàn lǐ fàn hú
仲 连 蹈 海①，范 蠡 泛 湖②。

◎**注释** ①〔仲连蹈海〕鲁仲连，战国末期齐国人。《史记·鲁仲连邹阳列传》载，秦军围困赵国都城邯郸，魏王惧秦，派辛垣（yuán）衍劝赵王尊秦为帝。当时周游列国至赵的鲁仲连劝阻辛垣衍，说秦国是只讲军功、不讲礼仪的国家，"权使其士，虏使其民"。如果秦国统一称帝，自己就"蹈东海而死耳，不忍为之民也"。

②〔范蠡泛湖〕范蠡，春秋末期政治家、军事家和经济学家。曾辅助勾践于公元前473年灭吴。范蠡以为大名之下，难以久居，遂乘舟泛湖而去。后至齐，定居于陶（今山东定陶西北，另一说法为山东肥城陶山），经商积资巨万，称"陶朱公"。见《史记·越王句（gōu）践世家》及《史记·货殖列传》。

wén bǎo jí liǔ　　wēn shū jié pú
文 宝 缉 柳①，温 舒 截 蒲②。

◎**注释** ①〔文宝缉柳〕文宝，即西汉孙敬，字文宝。《文选·任昉〈为萧扬州荐士表〉》："至乃集萤映雪，编蒲缉柳。"李善注引《楚国先贤传》："孙敬（字文宝）到洛，在太学左右一小屋安止母，然后入学，编杨柳简以为经。"缉柳，用杨柳木片以代竹简。形容勤学苦读。缉，通"辑"，收集编次。

②〔温舒截蒲〕温舒，即西汉著名司法官路温舒。《汉书·路温舒传》："父为里监门，使温舒牧羊。温舒取泽中蒲，截以为牒（供书写的简札），编用写书。"截蒲，谓截取蒲叶写字。《三字经》中"披蒲编"一句，说的就是路温舒的这件事。

伯道无儿[1]，嵇绍不孤[2]。

◎**注释** ①〔伯道无儿〕邓攸，字伯道，西晋人。邓攸的弟弟很早便过世了，留有一个小孩儿。正值北方胡人入侵，邓攸携家逃亡他乡。路上，邓攸对妻子说："弟弟死得早，只留下了这个孤儿。现在如果我们带着两个小孩子逃命，大家都活不成。不如放下我们的孩子，带着弟弟的孤儿逃走吧。"邓攸弃子之后，妻子不再怀孕。过了江，他纳了一妾，问起女子父母的姓名，才知道她竟是自己的外甥女。邓攸非常悔恨，于是不再纳妾，至死也没有后嗣。当时人们认为他很有义节，为他而哀叹说："天道无知，使邓伯道无儿。"见《晋书·邓攸传》。

②〔嵇绍不孤〕山涛，字巨源，西晋人，"竹林七贤"之一。嵇康临死将儿女托付给了山涛。他对儿子嵇绍说道："巨源在，汝不孤矣。"在嵇康被杀后二十年，山涛荐举嵇康的儿子嵇绍为秘书丞。见《晋书·山涛传》。不孤，不算孤儿。孤，幼而无父。

绿珠坠楼[1]，文君当垆[2]。

◎**注释** ①〔绿珠坠楼〕绿珠，西晋美女，能歌善舞会诗，以跳"昭君舞"最为出色。西晋太康年间，石崇用三斛明珠聘她为妾。后来赵王司马伦专权，其属下孙秀垂涎绿珠的倾国姿色，使人向石崇索取，被拒绝。后孙秀在赵王司马伦面前进谗言加害石崇，欲强夺绿珠。绿珠遂坠楼自尽。见《晋书·石崇传》。

②〔文君当垆〕卓文君，西汉临邛（今四川邛崃，邛，音 qióng）人，汉代才女，善鼓琴。她是临邛大富商卓王孙之女，新寡家居。司马相如到她家饮酒，二人互生爱慕之情。文君夜寻相如，跟他逃到成都。因家贫，二人又返回临邛，在集市上卖酒为生，"而使文君当垆"。卓王孙深以为耻，不得已而分财产给他们改善生活。见《史记·司马相如列传》。当垆，在酒垆边卖酒。当，当家，掌管。垆，放酒坛的土墩。

伊尹负鼎①，甯戚叩角②。

◎**注释** ①〔伊尹负鼎〕指伊尹背着鼎俎进见商汤，以烹调为喻说明如何实行王道之事。见《史记·殷本纪》："伊尹……负鼎俎，以滋味说（shuì，劝说）汤，致于王道。"后用以指辅佐帝王，担当治国之任。伊尹，商初大臣。名伊（一说名挚），尹为官名。今山东莘（shēn）县人。出仕前，曾在"有莘之野"躬耕务农。后被商汤重用，任阿（ē）衡（相当于宰相），委以国政，助汤灭夏。负，背着。鼎，烹锅。俎，案板。

②〔甯戚叩角〕甯戚，春秋时卫国人。早年怀经世济民之才而不得志。齐桓公二十八年（前658年）被拜为大夫，为齐桓公主要辅佐者之一。西汉刘向《新序·杂事五》载，甯戚家贫，在牛车下吃饭，适遇桓公，他就击牛角而歌。桓公闻而以为善，命人载他回宫，后任为上卿。后以"叩角"为求仕的典故。叩，敲，打。

赵壹坎壈①，颜驷蹇剥②。

◎**注释** ①〔赵壹坎壈〕赵壹，东汉人。为人耿直，狂傲不羁，受地方乡党排斥，差点儿被杀，经友人救援才得以幸免。后来司徒袁逢等人为他全力宣传，于是名动京师。见《后汉书·文苑传·赵壹》。坎壈，困顿，不得志。

②〔颜驷蹇剥〕颜驷，西汉人。《汉武故事》载，一天，汉武帝的车辇（niǎn）经过郎署，见颜驷厖眉（眉毛黑白杂色）皓发，就问道："叟何时为郎，何其老也？"颜驷答道："臣文帝时为郎，文帝好文而臣好武；至景帝好美，而臣貌丑；陛下即位，好少，而臣已老。"武帝听了他的话，很有感慨，便提升他做了都尉。《易·蹇》："蹇，难也。"又《剥》："剥，不利有攸往。"这两卦都是讲困难，不顺利。后即以"蹇剥"谓时运不济。

龚遂劝农①，文翁兴学②。

◎**注释** ①〔龚遂劝农〕龚遂，西汉人。《汉书·循吏传·龚遂》载，汉宣帝时，勃海郡（今河北沧县东）及其附近地区发生灾荒，饥民纷纷起义，皇室多次派兵镇压而不能平息。于是，宣帝亲自选拔能治之才。丞相、御史均举荐时已七十多岁的龚遂。宣帝欣然起用他为勃海太守。龚遂不带兵卒，单车独往，开仓廪，济贫民，选良吏，施教化，劝农桑。起义队伍看到龚遂的安抚教令，纷纷解散归田，百姓得以安居乐业。

②〔文翁兴学〕文翁，名党，字仲翁，西汉人，汉景帝末年为蜀郡太守。他重视教育，选派小吏到长安，受业博士，或学律令，结业回归，择优"为右职，次举官至郡守刺史者"；在成都兴"石室"，办地方"官学"，招下县子弟入学，入学者免除徭役，以成绩优良者补郡县吏，促进了当地文化的发展。班固在《汉书·循吏传·文翁》中评论说："至今巴蜀好文雅，文翁之化也。"

晏御扬扬①，五鹿岳岳②。

◎**注释** ①〔晏御扬扬〕出自《史记·管晏列传》："晏子为齐相，出，其御之妻从门间而窥其夫。其夫为相御，拥大盖，策驷马，意气扬扬，甚自得也。"御，赶车，这里指春秋时期为齐相晏婴赶车的人。扬扬，得意的样子。

②〔五鹿岳岳〕五鹿，即五鹿充宗。西汉元帝时，官任少府，治"梁丘《易》"（西汉的一个易学流派）。因为他受元帝宠幸，又能言善辩，所以诸儒在讲论《易经》时，没有人敢和他抗论。有人推荐朱云跟他辩论，朱云驳得他无言以对。诸儒说："五鹿岳岳，朱云折其角。"见《汉书·朱云传》。后以"折角"喻指雄辩。五鹿，复姓。岳岳，比喻人位尊气盛，锋芒毕露。

萧朱结绶①，王贡弹冠②。

◎**注释** ①〔萧朱结绶〕萧朱，指萧育和朱博，均为西汉人。结绶，佩系印绶，谓出仕为官。《汉书·萧望之传附萧育》载："（萧育）少与陈咸、朱博为友，著闻当世。往者有王阳、贡公，故长安语曰：'萧朱结绶，王贡弹冠'，言其相荐达也。"

②〔王贡弹冠〕《汉书·王吉传》："吉与贡禹为友，世称'王阳在位，贡公弹冠'，言其取舍同也。"本谓西汉王吉（王阳）、贡禹友善，王吉做官了，贡禹弹掉帽子上的灰尘也准备出仕。后以"弹冠相庆"指互相庆贺。今多用作贬义。

庞统展骥①，仇览栖鸾②。

◎**注释** ①〔庞统展骥〕庞统，字士元，东汉末年刘备帐下谋士，官拜军师中郎将。才智与诸葛亮齐名，道号"凤雏"。在进围雒（luò）县时，他率众攻城，不幸被流矢击中去世，时年三十六。展骥，展开骥足，即让千里马奋力驰骋，比喻施展才能。语本《三国志·蜀书·庞统传》。庞统最初未被刘备重用，鲁肃给刘备写信说："庞士元非百里才也，使处治中、别驾之任，始当展其骥足耳。"

②〔仇（qiú）览栖鸾〕仇览，东汉官吏。他做主簿时，主张以德化民。县令曾问他："主簿得无少鹰鹯（zhān，一种猛禽）之志邪？"仇览说："以为鹰鹯，不如鸾凤。"县令知道仇览胸有大志，便说："枳（zhǐ）棘非鸾凤所栖，百里岂大贤之路？"于是资助他上了太学。见《后汉书·循吏传·仇览》。鹰鹯，比喻以严刑峻法治民的官吏。鸾凤，比喻贤俊之士。鸾，《全唐诗》存本为"鹰"，未从。

葛亮顾庐①，韩信升坛②。

◎**注释** ①〔葛亮顾庐〕三国蜀诸葛亮《出师表》："先帝不以臣卑鄙，猥自枉屈，三顾臣于草庐之中。"葛亮，诸葛亮的省称。顾，问，问计；庐，草屋。后以"顾庐"为礼贤求才的典故。

②〔韩信升坛〕韩信，西汉开国功臣。初属项羽，后归刘邦，被委以"治粟都尉"。韩信常在丞相萧何面前谈及自己的抱负，萧何发现他是一位"国士无双"的军事奇才，便苦苦向汉王举荐。刘邦终于采纳了萧何的建议，在汉中设坛拜将，把统率三军的大权授予韩信。雄才大略的韩信用明修栈道、暗度陈仓之策夺取三秦，后又逐鹿中原，帮助刘邦消灭项羽，夺得天下。见《史记·淮阴侯列传》。

wáng póu bǎi cǎn　　mǐn sǔn yī dān
王 裒 柏 惨①，闵 损 衣 单②。

◎**注释**　①〔王裒柏惨〕王裒，东晋人。《晋书·孝友传·王裒》载，王裒的父亲被晋简文帝杀害。他非常悲痛，常到父亲坟上扶着柏树号哭。眼泪落在柏树上，树也枯死了。裒，《全唐诗》存本误作"褒"。

②〔闵损衣单〕闵损，字子骞，春秋末期鲁国人，孔子弟子。在孔门中以德行和老成持重著称，而尤其以孝行超群闻名于世。《太平御览》卷三十四引《孝子传》载，闵损丧母后，其继母虐待他。冬天做棉衣，继母给她的两个亲生儿子絮丝绵，而给他絮芦花。闵损冻得手脚冰冷，拉车时常掉袢（pàn）绳。他父亲不了解真情，便常鞭打他。一次，父亲把他的棉衣抽破，露出絮的芦花来，才得知继母虐待他。父亲一怒之下，要赶走继母。闵损却替继母求情，劝父亲道："母在一子寒，母去三子单。"

méng tián zhì bǐ　　cài lún zào zhǐ
蒙 恬 制 笔①，蔡 伦 造 纸②。

◎**注释**　①〔蒙恬制笔〕蒙恬，秦始皇时期的著名将领。晋代崔豹《古今注·问答释义》："蒙恬始造，即秦笔耳。以枯木为管，鹿毛为柱，羊毛为被（笔芯用鹿毛，外层用羊毛）。所谓苍毫，非兔毫竹管也。"

②〔蔡伦造纸〕蔡伦，东汉人，曾任中常侍、尚方令等职。和帝元兴元年（105年），蔡伦总结前人制造丝织品的经验，在洛阳用树皮、旧渔网、破布、麻头等做原料，制成适合书写的植物纤维纸，经奏报朝廷后在民间推广，使纸成为普遍使用的书写材料。见《后汉书·蔡伦传》。

kǒng jí yùn páo　　zhài zūn bù bèi
孔 伋 缊 袍①，祭 遵 布 被②。

◎**注释**　①〔孔伋缊袍〕孔伋，即子思，孔子之孙。战国初期鲁国人，受学于孔子的弟子曾子，儒家的主要代表人物之一。缊袍，用旧丝绵作衬的粗布袍。西汉刘向《说苑·立节》："子思居于卫。缊袍无表。"田子方听说后，派人送来白狐皮大衣，但孔伋坚决不要。

②〔祭（zhài）遵布被〕祭遵，东汉中兴名将，"云台二十八将"之一，随光武帝平定河北，拜征虏将军，封颍阳侯。祭遵少好经书，其家虽富，但他生活却十分节俭，"恶衣服"。拜将领军后，仍"廉约小心，克己奉公，赏赐辄尽与士卒，家无私财，身衣（yì）韦裤（皮套裤），布被，夫人裳（cháng）不加缘（镶边）"。见《后汉书·祭遵传》。布被，盖粗布被子。

zhōu gōng wò fà　　cài yōng dào xǐ
周 公 握 发①，蔡 邕 倒 屣②。

◎**注释**　①〔周公握发〕《韩诗外传》卷三记载，周公怕洗头、吃饭时错过发现人才的机会，曾"一沐三握发，一饭三吐哺"。《史记·鲁周公世家》亦记此事。后以"握发吐哺"比喻为国家礼贤下士，殷切求才。

②〔蔡邕倒屣〕蔡邕，东汉文学家、书法家，官左中郎将。他非常赏识王粲的文才。一天，家中宾客满座。蔡邕"闻（王）粲在门，倒屣迎之"。屣，鞋。古人家居时脱鞋席地而坐，而蔡邕急着起身迎客，才将鞋穿倒。见《三国志·魏书·王粲传》。

王敦倾室①，纪瞻出妓②。

◎**注释** ①〔王敦倾室〕王敦，士族出身，王导的堂兄，娶晋武帝司马炎的女儿襄城公主为妻。东晋初权臣。《晋书·王敦传》载，王敦贪于女色，身体虚弱，左右就劝谏他。他说："此甚易耳。"就把十几个姬妾都遣散了。倾室，倾空内室（妻妾）。

②〔纪瞻出妓〕纪瞻，东晋时人，官至尚书仆射（pú yè）。《世语新说·任诞》："有人讥周仆射"条注引邓粲《晋纪》载，王导与周顗及诸朝士到纪瞻家观看歌妓表演。纪瞻有一位爱妾能唱新曲，他特意请出来给大家表演。周顗当场与她调情，旁若无人。

暴胜持斧①，张纲埋轮②。

◎**注释** ①〔暴胜持斧〕暴胜，即暴胜之，西汉御史大夫。他精明强干，治理地方很有办法。《汉书·隽（juàn）不疑传》："暴胜之为直指使者（朝廷派往地方的专员，一般执行'讨奸猾，治大狱'的使命），衣（yì，穿）绣衣，持斧，逐捕盗贼……威振州郡。"斧，兵器名，是执法权力的象征。汉代朝廷派专员到地方处理大事要案，特赐持斧。

②〔张纲埋轮〕东汉顺帝时，大将军梁冀专权，朝政腐败。汉安元年（142年），朝廷选派张纲等有声望的八位重臣分巡州郡，纠察吏治。七人皆受命赴任，而张纲独藏其车于洛阳都亭。他说："豺狼当路，安问狐狸！"于是上书弹劾梁冀和他的弟弟河南尹梁不疑，揭露其罪恶，京都为之震动。见《后汉书·张纲传》。后以"埋轮"为不畏权贵、直言正谏之典。埋轮，隐藏车子。埋，藏。

灵运曲笠①，林宗折巾②。

◎**注释** ①〔灵运曲笠〕灵运，即谢灵运，东晋末年、南朝宋初年的文学家、诗人。曲笠，即类似曲柄伞的斗笠。《世说新语·言语》："谢灵运好戴曲柄笠。"

②〔林宗折巾〕东汉郭泰，字林宗。太学生首领，名重一时。折巾，折角巾。一天，林宗在道上遇雨，头巾沾湿，一角下折。当时人们效仿他，故意折起头巾一角，称"林宗巾"。见《后汉书·郭太（泰）传》。

屈原泽畔，渔父江滨①。

◎**注释** ①〔屈原泽畔，渔父（fǔ）江滨〕屈原，中国历史上一位伟大的爱国诗人。战国时楚国贵族，曾任左徒、三闾大夫。主张彰明法度，举贤授能，联齐抗秦，提倡"美政"，但不被重用，后遭谗害被流放。楚国郢都被秦攻破后，投汨（mì）罗江而死。《史记·屈原贾生列传》："（屈）原至江滨，被（pī，同'披'）发行吟泽畔，颜色憔悴，形容枯槁。渔父问曰：'子非三闾大夫欤？何故至此？'原曰：'举世混浊而我独清，众人皆醉而我独醒，是以见放（被流放）。'"父，老年男子。

魏勃扫门①，潘岳望尘②。

◎**注释** ①〔魏勃扫门〕西汉人魏勃年轻时，想求见齐相曹参，但贫穷微贱，无人引见，便常常早起为齐相舍人扫门。齐相舍人遂为之引见。见《史记·齐悼惠王世家》。

②〔潘岳望尘〕潘岳，西晋文学家。《晋书·潘岳传》："（岳）与石崇等谄事贾谧（mì），每候其出，与崇辄望尘而拜。"指迎候有权势的人，看见车扬起的尘土就下拜。形容卑躬屈膝的神态。

京房推律①，翼奉观性②。

◎**注释** ①〔京房推律〕京房，西汉学者，开创了今文《易》学"京氏学"。他音律学造诣深。《汉书》本传说他"好钟律，知音声"，"本姓李，推律自定为京氏"，便以京为姓。推律，用音律推衍。

②〔翼奉观性〕翼奉，西汉人。元帝初征待诏宦者署，以中郎为博士、谏大夫。明经术，好律历阴阳之占（zhān），但不以律历阴阳之说左右皇权。《汉书·翼奉传》记载，翼奉认为阴阳之术"可以见人性，知人情"。

甘宁奢侈①，陆凯贵盛②。

◎**注释** ①〔甘宁奢侈〕甘宁，三国时期吴国名将。他生活奢侈。"其出入，步则陈车骑，水则连轻舟，侍从被文绣，所如（至，到）光（清洁）道路，住止常以缯锦维舟，去或割弃，以示奢也。"见《三国志·吴书·甘宁传》及裴松之注。

②〔陆凯贵盛〕陆凯，三国吴丞相陆逊族中的子孙，吴主孙皓时的丞相。《世说新语·规箴》："孙皓问丞相陆凯：'卿一宗在朝有几人？'陆曰：'二相、五侯、将军十余人。'皓曰：'盛哉！'陆曰：'君贤臣忠，国之盛也；父慈子孝，家之盛也。今政荒民弊，覆亡是惧，臣何敢言盛？'"

干木富义①，於陵辞聘②。

◎**注释** ①〔干木富义〕干木，段干木的省称。段干为复姓，名木，战国时魏国名贤，富有德义，在魏及邻国中享有很高的声誉。魏文侯给他高官厚禄，他拒不接受。见《淮南子·修务训》。

②〔於（yú）陵辞聘〕於陵，即於陵子终（仲），战国时隐逸之士。有人说就是

陈仲子。《列女传》："周楚王闻於陵子终贤，欲以为相，使使者持金百镒，往聘迎之。……子终出谢使者而不许也，遂相与逃，而为人灌园。"

元凯"《传》癖"[1]，伯英"草圣"[2]。

◎**注释** [1]〔元凯"《传》癖"〕杜预，字元凯。西晋军事家、政治家、学者，精通经学。出身于官宦世家，从小博学多识，有立功、立言的志向。杜预喜爱《左传》，著有《春秋左氏经传集解》等。晋武帝曾问他有什么爱好。他说："臣有《左传》癖。"事见《晋书·杜预传》。

[2]〔伯英"草圣"〕张芝，字伯英，东汉书法家。三国魏人韦仲将称他为"草圣"。草圣，对在草书艺术上有卓越成就者的美称。东晋卫恒《四体书势》："弘农张伯英……临池学书，池水尽黑。韦仲将谓之'草圣'。"

冯异大树[1]，千秋小车[2]。

◎**注释** [1]〔冯异大树〕冯异，东汉中兴名将，"云台二十八将"之一。《后汉书·冯异列传》："（冯）异为人谦退不伐，行与诸将相逢，辄引车避道。……每所止舍，诸将并坐论功，（冯）异常独屏树下。军中号曰'大树将军'。"

[2]〔千秋小车〕车千秋，又称田千秋，西汉大臣，战国时田齐后裔。武帝时拜为丞相，封富民侯。年老时，帝特许他乘小车入宫殿中，号"车丞相"。见《汉书·田千秋传》。

piǎo mǔ jìn shí　　sūn zhōng shè guā

漂母进食①，孙锺设瓜②。

◎**注释**　①〔漂（piǎo）母进食〕漂母，漂丝的老妇。《史记·淮阴侯列传》载，一位在河边漂丝的老妇人见韩信在忍饿钓鱼，就给他饭吃，这样一连几十天，直到她把丝漂完。韩信对这位老妇人说："我以后一定要重重地报答你！""母怒曰：'大丈夫不能自食，吾哀王孙而进食，岂望报乎！'"后以"漂母进食"为施恩不望报答的典故。

②〔孙锺设瓜〕孙锺，三国时期吴国的奠基人孙坚的父亲。《宋书·符瑞志》载，东汉后期，天下将乱，孙锺便隐居在故乡富春江畔的阳平山，以种瓜为业。行路之人有向他要瓜的，他都慷慨相赠，因此孝友之名传闻乡里。

hú gōng zhé tiān　　jì xùn lì jiā

壶公谪天①，蓟训历家②。

◎**注释**　①〔壶公谪天〕壶公，东汉时期的卖药老翁，自称仙人受谪下凡。传说他常悬一壶于市肆中坐诊卖药，口不二价，包治百病。市罢就跳入壶中，一般人不能见到他。后多称医家为人治病为"悬壶""悬壶济世"。见《后汉书·方术列传·费长（zhǎng）房传》及东晋葛洪《神仙传·壶公》等书。

②〔蓟训历家〕蓟训，即蓟子训，东汉建安年间名士。传说是"八仙"之首铁拐李的门人，有神技异术。当时京城里许多人对他的道术深信不疑。东晋葛洪《神仙传》载，蓟训用分身术，在事先约定的那一天，同时出现在二十三家。历家，指同时到达各家。

liú xuán guā xí　　jìn huì wén má

刘玄刮席①，晋惠闻蟆②。

◎**注释**　①〔刘玄刮席〕刘玄，西汉皇族，汉光武帝刘秀的族兄。两汉之际绿林农民起义军所立的皇帝,年号更始。刮席,谓羞惭不敢仰视,两手不知所措而摩挲坐席。《后汉书·刘玄传》载,刘玄刚住进长乐宫时,对皇帝的排场很不习惯。他"升前殿",面对着"以次列庭中"的官员们,"羞怍(zuò,羞愧),俯首刮席不敢视"。

②〔晋惠闻蟆〕西晋惠帝司马衷痴呆,不能处理政事。有一年夏天,惠帝与随从到华林园去玩,听见里面传出青蛙的叫声。他觉得很奇怪,于是便问随从这些青蛙是为公而叫还是为私而叫。随从回答:"在官家叫的,就是为公;在私家叫的,就是为私。"见《晋书·惠帝纪》。

伊籍一拜[1],郦生长揖[2]。

◎**注释** ①〔伊籍一拜〕伊籍,三国时蜀国将领,擅长辩论,随机应变的能力很强。他曾出使吴国,孙权听说他有辩才,想在言谈间挫败他。孙权问:"你为无道之君办事,是不是很累呀?"伊籍立即回答:"一拜一起,未足为劳。〔(我这里向您)拜一下便起身,算不上累。这是暗指孙权才是'无道之君'。〕"孙权为其辩才而感到非常惊讶。见《三国志·蜀书·伊籍传》。

②〔郦生长揖〕郦生,即郦食其(yì jī),秦朝陈留县高阳乡(今河南开封杞县西南)人。嗜酒,自称高阳酒徒。刘邦带兵过境,他去见刘邦,打算献上攻取陈留之计。刘邦接见他时,正让两个婢女给自己洗脚。郦食其"长揖不拜",说道:"你举义兵,讨伐暴秦,不该这样傲慢无礼地接见长者。"刘邦赶紧停止洗脚,向他道歉,把他请到上座。见《史记·郦生陆贾(gǔ)列传》和《汉书·郦食其传》。长揖,拱手高举,自上而下行礼。古代位卑者对位尊者要行跪拜礼,而长揖则表示不甘屈尊以事权贵。

马安四至[1],应璩三入[2]。

◎**注释** ①〔马安四至〕马安,即西汉司马安,汲黯姐姐的儿子。《汉书·汲黯传》

载，他少时与黯同为太子洗（xiǎn）马（太子出行时的前导），机巧圆滑，先后四次位列九卿。

②〔应璩三入〕应璩，三国时曹魏文学家。曹芳即位后，由曹爽执掌大权，有许多举措失当。应璩作《百一诗》讽劝，其中有"问我何功德？三入承明庐"之句。承明，谒天子等待诏命的地方。后以"入承明庐"为入朝或在朝为官的典故。见《昭明文选》。

guō jiě jiè jiāo　　zhū jiā tuō jí
郭 解 借 交①，朱 家 脱 急②。

◎**注释**　①〔郭解借交〕郭解，西汉著名游侠。他的父亲因为行侠，于孝文帝时被诛。借交，借交报仇，也作"借客报仇""借身报仇"。指舍身助人报仇。《史记·游侠列传》载，郭解"身所杀甚众，以躯借交报仇"。

②〔朱家脱急〕朱家，秦汉之际著名游侠，曾大量藏匿豪士及亡命之人，以助人之急而闻名关东。他曾设计帮助被刘邦追捕的原项羽部将季布脱难。见《史记·游侠列传》。脱急，助人摆脱急难；一作"脱季"，帮助季布摆脱急难。

yú yán kè qī　　shèng jí chuí qì
虞 延 克 期①，盛 吉 垂 泣②。

◎**注释**　①〔虞延克期〕虞延，东汉建武初年细阳（今安徽太和）县令。《后汉书·虞延传》载，虞延对罪犯重在感化。逢年过节，他放犯人回家与亲人团聚，限期归来。罪犯们都"感其恩德，应期而还"。有一名罪犯回家后得了重病，也按期回来，到了狱中便死了。虞延"率掾史殡于门外，百姓感悦之"。克期，限定日期。克，限定，约定。

②〔盛吉垂泣〕盛吉，东汉廷尉。"性多仁惠，务在哀矜。每冬月，罪囚当断。其妻执烛，（盛）吉持丹笔，相向垂泣。"见东晋虞预《会稽典录》。

<u>豫 让 吞 炭</u>①，<u>鉏 麑 触 槐</u>②。

◎**注释** ①〔豫让吞炭〕战国时，晋国人豫让受知于智伯。后，韩、赵、魏三家合力攻杀智伯。豫让为报知遇之恩，矢志为智伯复仇。于是漆身为厉（似癞疮），吞炭为哑，改变声音形貌，伺机刺杀赵襄子，事败而死。见《战国策·赵策一》和《史记·刺客列传》。后以之为"忍辱含垢""矢志复仇"的典故。

②〔鉏麑触槐〕鉏麑，春秋时晋国力士。晋灵公执政时期，贪图享乐，残虐不君，正卿赵盾多次劝谏。晋灵公很反感，就派鉏麑去刺杀赵盾。一天黎明，鉏麑潜入赵家，发现赵盾已经穿好朝服准备上朝，因为时间还早，就坐着闭目养神。赵盾的勤勉和正直感动了鉏麑，他"叹而言曰：'不忘恭敬，民之主也。贼民之主，不忠；弃君之命，不信。有一于此，不如死也。'触槐而死"。见《左传·宣公二年》。

<u>阮 孚 蜡 屐</u>①，<u>祖 约 好 财</u>②。

◎**注释** ①〔阮孚蜡屐〕阮孚，魏晋时期"竹林七贤"之一阮咸之子。蜡屐，以蜡涂木屐。《世说新语·雅量》载，有人到阮孚家里去，见他"自吹火蜡屐，因叹曰：'未知一生当著几量屐（不知这一辈子能穿几双鞋）！'神色闲畅"。后便以"蜡屐"指悠闲、无所作为的生活。

②〔祖约好财〕祖约，东晋人，祖逖（tì）之弟。曾任平西将军、豫州刺史，生性爱财。《晋书·祖约传》载，祖约"占夺乡里先人田地，地主多怨"。

<u>初 平 起 石</u>①，<u>左 慈 掷 杯</u>②。

◎**注释** ①〔初平起石〕初平，即黄（也作"皇"）初平，汉朝人。东晋葛洪《神仙传》载，皇初平十五岁时，家里让他上山放羊。有位道士见他善良谨慎，便带他

到金华山石室中修炼,四十余年没回家。哥哥进山找到他,问:"羊在哪里?"他回答:"羊近在山东。"哥哥去看,只见白石,没有羊。初平带哥哥一起去看,便对着石头喊道:"羊起!"于是,白石变为数万只羊站了起来。

② 〔左慈掷杯〕左慈,东汉方士。《神仙传》载,"操欲学道。左慈曰:'学道当清净无为。'操怒,谋杀之,为设酒。慈乞分杯饮酒。……饮毕以杯掷屋栋"。杯子悬在空中,"似鸟飞之俯仰之状,欲落不落"。满屋的人"瞩目视杯,已失慈所在"。

wǔ líng táo yuán　　liú ruǎn tiān tāi
武 陵 桃 源①,刘 阮 天 台②。

◎ **注释** ① 〔武陵桃源〕东晋陶潜所作《桃花源记》载,东晋太元年间(376—396),武陵有一位渔夫顺着两岸是桃花林的桃溪水直走到它的源头,然后下船,穿过一个小山口,看到秦朝时避乱者的后裔居住在那里,"土地平旷,屋舍俨然。有良田、美池、桑竹之属。阡陌交通,鸡犬相闻。其中往来种作,男女衣著悉如外人。黄发垂髫,并怡然自乐"。渔人出洞回来后再往寻找,"遂迷,不复得路"。后世便用以指神仙居住的地方。

② 〔刘阮天台(tāi)〕刘阮,《幽明录》中人物刘晨、阮肇的合称。二人都是东汉剡(shàn)县人,永平年间(58—75)同入天台山采药,遇到两位漂亮的仙女,留居半年辞归。等回到家时,子孙已过了七代。后又离乡,不知所终。这则神仙故事对后世诗词、小说、戏曲影响甚深,刘郎、阮郎、刘阮等词语已成为诗文中的典故,而天台也用来称神仙居处。见《太平御览》卷四一。

wáng jiǎn zhuì chē　　chǔ yuān luò shuǐ
王 俭 坠 车,褚 渊 落 水①

◎ **注释** ① 〔王俭坠车,褚渊落水〕王俭,南朝齐文学家、目录学家。东晋名相王导的五世孙,官至仆射。其父僧绰、叔僧虔,都有文学才能。褚渊,字彦回,南朝宋、齐两朝大臣,官至司徒。《南史·谢灵运传附谢超宗》:"后司徒褚彦回因送湘州刺史王僧虔，阁道坏，坠水。仆射王俭惊跣（xiǎn）下车。超宗拊（fǔ）掌笑曰：'落水三公（司徒为三公之一），坠车仆射。'"

季伦锦障①，春申珠履②。
jì lún jǐn zhàng　chūn shēn zhū lǚ

◎**注释** ①〔季伦锦障〕季伦，西晋富豪石崇的字。锦障，锦步障，遮蔽风尘或视线的锦制帐幕。《世说新语·汰侈》记载石崇和晋武帝的舅舅王恺斗富，王恺"作紫丝布步障碧绫里四十里，石崇作锦步障五十里以敌之"。

②〔春申珠履〕春申，即春申君，战国时期著名的"四公子"之一，楚国令尹黄歇的封号。珠履，缀有明珠的鞋。《史记·春申君列传》载，春申君有门客三千余人，其中的上等宾客都穿缀有明珠的鞋。

甄后出拜，刘桢平视①
zhēn hòu chū bài　liú zhēn píng shì

◎**注释** ①〔甄后出拜，刘桢平视〕甄后，三国时期魏文帝曹丕的皇后。刘桢，东汉末文学家，"建安七子"之一，以诗歌见长。曹丕还是太子时，曾宴请文士，"酒酣坐欢，命夫人甄氏出拜"。众文士都低着头不敢看，"而（刘）桢独平视"，为此受到曹操的惩处。见《三国志·魏书·王粲传附刘桢》裴松之注引《典略》。

胡嫔争攓，晋武伤指①。
hú pín zhēng chū　jìn wǔ shāng zhǐ

◎**注释** ①〔胡嫔争攓，晋武伤指〕胡嫔，即胡芳，西晋武帝司马炎的宠妃。她的父亲是大将军胡奋。当时后宫人数众多，胡芳最受宠爱，侍御服饰仅次于皇后。武帝曾经与她玩樗蒲游戏，在争夺游戏筹码的过程中被她伤了手指。见《晋书·后妃列传》。摴，摴蒲，即"樗蒲"，古代一种博戏。

石庆数马①，孔光温树②。

◎**注释** ①〔石庆数马〕石庆，西汉万石（shí）君石奋（因为他的四个儿子都是二千石的官，加上他的正好是一万石，故称万石君）的小儿子。《史记·万石张叔列传》载，石奋和他的几个儿子处事非常恭谨。他的小儿子石庆在汉武帝时曾经担任太仆。一次，他为武帝驾车外出。武帝问他总共有几匹马驾车。天子的车驾，马匹本有定数，但石庆还是用马鞭逐个数完以后，才说："六匹。"在万石君的几个儿子里，石庆是最随意的一个，但还是这样谨慎。后来，石庆调任齐相，齐国人都仰慕他们家的品行，他不用下什么命令齐国就太平了。

②〔孔光温树〕孔光，西汉大臣，官至丞相，孔子十四世孙。温树，即"温室省中树"。《汉书·孔光传》载，孔光周密谨慎，不曾出过什么差错。假日回家，与兄弟、妻子聊天儿，从来不谈朝廷政事。有人问他："温室省中树何木也？"他沉默不答。后以"温室树"泛指宫廷中的花木。温，温室，汉代宫殿名。

翟汤隐操①，许询胜具②。

◎**注释** ①〔翟汤隐操〕翟汤，东晋人。《晋书·隐逸传·翟汤》载，翟汤"笃行纯素，仁让廉洁，不屑世事，耕而后食"。他的儿子、孙子也都德行高洁，隐居不仕。隐操，恬退的操守。

②〔许询胜具〕许询，东晋人。幼称神童，长而风情简素，不应（yìng）征召。有才藻，善于写文章，与孙绰并称为一时文宗。胜具，济胜具，指能攀越胜境、登山临水的好身体。《世说新语·栖逸》载，许询"好游山水，而体便登陟（zhì），时人云，许非徒有胜情，实有济胜之具"。

优旃滑稽①，落下历数②。

◎**注释** ①〔优旃滑（gǔ）稽〕优旃，战国时期秦国的歌舞艺人，天性幽默，善讲笑话。他深知秦始皇的为人，便常说反话，让秦始皇在玩笑话中体会施政方向的错误。见《史记·滑稽列传》。滑稽，原指古代的流酒器能"转注吐酒，终日不已"，借指能言善辩，对答如流。后亦读 huá jī，指言语、动作引人发笑。

②〔落下历数〕落下，即落下闳，西汉天文学家。汉武帝时任待诏太史，"浑天说"的创始人之一。曾制造观测星象的浑天仪，创制"太初历"，又称"八十一分律历"，在天文学上有较大影响。见《史记·天官书》和《汉书·律历志上》。落下，复姓。历数，历法，即观测天象以推算年时节候的方法。

曼容自免①，子平毕娶②。

◎**注释** ①〔曼容自免〕曼容，即邴（bǐng）丹，字曼容，西汉末以清高著称的名士邴汉之侄。邴丹"养志自修，为官不肯过六百石（shí），辄自免去"。据说，他的名望超过了邴汉。见《汉书·两龚传》。自免，自求免官。

②〔子平毕娶〕子平，即东汉人向长，字子平。《后汉书·逸民列传·向长》载，向子平潜心读《老子》《易经》，隐居不做官。在儿女的婚姻大事都办完之后，便留话给儿女："家事勿相关，当如我死也。"于是和志同道合的朋友禽庆"俱游五岳名山，竟不知所终"。

$$\text{shī kuàng qīng ěr, lí lóu míng mù}$$
师旷清耳①，离娄明目②。

◎ **注释** ①〔师旷清耳〕师旷，春秋时晋国音乐家，目盲而耳聪，辨音能力很强，以"师旷之聪"闻名于后世。其事迹见于《孟子》《左传》《国语》《逸周书》《庄子》等书。

②〔离娄明目〕离娄，上古传说中视力特强的人。《孟子·离娄上》："孟子曰：'离娄之明，公输子之巧，不以规矩，不能成方圆。'"焦循《正义》："离娄，古之明目者，黄帝时人也。黄帝亡其玄珠，使离朱索之。离朱，即离娄也，能视，于百步之外，见秋毫之末。"

$$\text{zhòng wén zhào jìng, lín jiāng shé zhóu}$$
仲文照镜①，临江折轴②。

◎ **注释** ①〔仲文照镜〕仲文，即殷仲文，东晋文学家。官至尚书，后迁东阳太守，因谋反被杀。《晋书·殷仲文传》载，被杀前几天，"仲文时照镜不见其面，数日而遇祸"。

②〔临江折（shé）轴〕临江，指西汉临江闵王刘荣，汉武帝刘彻的兄长，曾被其父汉景帝立为太子，后被废为临江王，胶东王刘彻取代他成为太子。《史记·五宗世家》载，刘荣被指控"侵庙堧（ruán，城郭旁或河边的空地）垣（yuán，墙）为宫"，武帝召他进京问罪。刘荣出发时，"既已上车，轴折车废"。江陵父老流着眼泪悄悄地说："吾王不反（返）矣！"果然，刘荣到京后被中尉郅（zhì）都追究讯问，因恐惧而自杀。

$$\text{luán bā xùn jiǔ, yǎn shī wǔ mù}$$
栾巴噀酒①，偃师舞木②。

◎ **注释** ①〔栾巴噀酒〕栾巴，东汉人，传说他通晓道术。东晋葛洪《神仙传》中有很多关于他的神话故事。噀酒,指栾巴喷酒为雨事。《神仙传·栾巴》载,一次皇上召群臣饮酒,栾巴晚到,含着酒不喝,向西南方喷,说是救火。有人指责栾巴这样做是对皇帝不敬,皇帝便派人到成都调查。若干天后,那里的人回报说,前些天发生火灾,但被东北方向来的大雨浇灭,雨里含酒气。

②〔偃师舞木〕偃师,传说是周穆王时的巧匠,所制木偶,能歌善舞,恍如活人。穆王与姬妾一同观赏木偶表演时,木偶对侍妾眉目传情。穆王大怒,要杀偃师,后知确是木偶,方才罢休。见《列子·汤问》。

德润佣书①,君平卖卜②。

◎ **注释** ①〔德润佣书〕阚(kàn)泽,字德润,三国时期的学者,孙权时,任中书令、太子太傅。《三国志·吴书·阚泽传》:"(阚泽)家世农夫,至泽好学,居贫无资,常为人佣书,以供纸笔。"佣书,帮人抄书。

②〔君平卖卜〕君平,即严遵,字君平,西汉隐士,蜀人。汉成帝时,他常在成都市场里给人算卦,每天赚够百钱做生活费就不再给人算卦,回去专心研究《老子》。著有《老子指归》,使道家学说更条理化。扬雄少时曾经拜严遵为师。见魏晋间皇甫谧《高士传·严遵》和《汉书·王贡两龚鲍传序》。

叔宝玉润①,彦辅冰清②。

◎ **注释** ①〔叔宝玉润〕叔宝,西晋人卫玠(jiè)的字。《晋书·卫瓘传附卫玠》载,卫玠小时候容貌俊美,"乘羊车入市,见者皆以为玉人"。"玠妻父乐广,有海内重名,议者以为'妇公冰清,女婿玉润'。"后以"玉润"指称佳婿。

②〔彦辅冰清〕彦辅,即乐广,字彦辅,西晋名士。乐广有一女嫁给成都王司马颖,还有一女嫁给卫玠,被当时人美称为"妻父有冰清之姿,婿有璧润之望,所谓秦晋之匹也"。见《世说新语·言语》。

卫后发鬒①，飞燕体轻②。

◎**注释** ①〔卫后发鬒〕卫后，即卫子夫，西汉武帝的第二位皇后。《汉武故事》："子夫遂得幸，头解，上见其发美，悦之，纳于宫中。"鬒，头发黑而密。

②〔飞燕体轻〕相传西汉成帝的皇后赵飞燕体态轻盈。《汉书·外戚传下·孝成赵皇后》："孝成赵皇后，本长安宫人……学歌舞，号曰飞燕。"

玄石沈湎①，刘伶解酲②。

◎**注释** ①〔玄石沈湎〕古代传说中山人狄希能造千日酒，饮后醉千日。西晋张华《博物志》卷五载，刘玄石到中山酒家买千日酒喝，回到家后，大醉不醒。家人以为他已经死了，便把他安葬了。中山酒家算计千日将满，便到玄石家来看望，家人说他已经死了三年。中山酒家让玄石家属开棺，见他酒醉刚醒。又，东晋干宝《搜神记》卷十九亦记刘玄石饮千日酒沉醉三年的事。沈，旧同"沉"。

②〔刘伶解酲〕刘伶，西晋名士，"竹林七贤"之一。《世说新语·任诞》载，刘伶嗜酒，他的妻子苦苦劝他戒酒，他便让妻子准备酒肉，谎称要在鬼神前立誓才能断酒。妻子照办以后，刘伶"跪而祝曰：'天生刘伶，以酒为名。一饮一斛，五斗解酲。妇人之言，慎不可听。'便引酒进肉，隗（wěi）然已醉矣。"解酲，醒酒，消除酒病。酲，喝醉了神志不清。

赵胜谢躄①，楚庄绝缨②。

◎**注释** ①〔赵胜谢躄〕赵胜，即平原君，战国时赵惠文王之弟。他任赵国宰相时，礼贤下士，门下宾客至数千人。惠文王死后，孝成王继位，他继任宰相，受封于东武城（今河北故城西南），为"战国四公子"之一。《史记·平原君虞卿列传》载，平原君的一个姬妾笑话一位瘸腿的门客。这位门客要求平原君把笑话她的那位姬妾的头砍下来送给他，平原君没有答应。过了一年多，平原君发现自己的门客走了一多半，觉得很奇怪，便问道："我对待诸位从不敢失礼，可离我而去的人怎么这么多呢？"一位门客上前回答说："就是因为您没有杀掉笑话瘸腿门客的那位美人，大家认为您'爱色而贱士'，所以就走掉了。"平原君便砍了那位美人的头，亲自登门迎接这位瘸腿门客，向他赔罪。此后，平原君的门客才陆续地回来。谢躄，向瘸腿的人谢罪。躄，腿瘸。腿后用为礼贤下士的典故。

②〔楚庄绝缨〕楚庄，即春秋时期的诸侯楚庄王。绝缨，扯断结冠的带。西汉刘向《说苑·复恩》载，楚庄王宴请群臣，日暮酒酣，灯烛灭。有人趁黑拉扯美人的衣裳。美人顺势拽断此人的冠缨，然后告诉楚庄王有人调戏她，让庄王命令重新点燃灯烛，查出那人。庄王没听她的话，反而命令群臣统统拽断帽缨，然后才点燃灯烛，于是大家尽欢而罢。后三年，晋与楚战，有一位楚将奋死赴敌，终于战胜晋军。楚王奇怪地问他为什么如此奋不顾身浴血死战，那位将领说，我就是那天晚上醉酒失礼而被拽掉帽缨的人。后遂用作宽厚待人之典。

è lái duō lì　　fēi lián shàn zǒu
恶 来 多 力，飞 廉 善 走①。

◎**注释**　①〔恶来多力，飞廉善走〕《史记·秦本纪》："蜚（fēi）廉生恶来。恶来有力，蜚廉善走，父子俱以材力事殷纣。"恶来，又称恶来革，与父亲飞廉（也作蜚廉）都是商纣王的力士。周武王伐纣时被杀。又见《史记·殷本纪》。

zhào mèng cī miàn　　tián pián tiān kǒu
赵 孟 疵 面①，田 骈 天 口②。

◎**注释**　①〔赵孟疵面〕赵孟，晋朝人，官至尚书令史，善于断事。因为他的脸有斑点，故称"疵面"。《太平御览》卷三六五引晋代王隐《晋书》："赵孟……善于清谈，有国士之风。其面有疵黶。诸事不决，皆言当问'疵面'也。"

②〔田骈天口〕田骈，战国时齐人，思想家。因能言善辩，人称"天口骈"。见《汉书·艺文志》。

zhāng píng lǐ kū　　péi wěi tán sǒu
张　凭　理　窟①，裴　頠　谈　薮②。

◎**注释**　①〔张凭理窟〕张凭，东晋人，官至御史中丞。理窟，盛满义理的洞窟。指富于才学，善于讲谈深刻的学问道理。《晋书·张凭传》载，东晋简文帝召见张凭，和他交谈之后，感叹道："张凭勃窣（sū）为理窟。"（勃窣，相当于"婆娑"，形容才气横溢、词采缤纷的样子。）又见《世说新语·文学》："刘前进谓抚军曰：'下官今日为公得一太常博士妙选。'既前，抚军与之话言，咨嗟称善曰：'张凭勃窣为理窟。'即用为太常博士。"二者稍有出入。

②〔裴頠谈薮〕裴頠，西晋哲学家，官至尚书左仆射。《世说新语·赏誉》："裴仆射，时人谓为言谈之林薮。"刘孝标注引《惠帝起居注》："頠理甚渊博，赡于论难（nàn）。"后以"谈薮"指擅长清谈，玄言义理渊博。薮，人或物聚集之处。

zhòng xuān dú bù　　zǐ jiàn bā dǒu
仲　宣　独　步①，子　建　八　斗②。

◎**注释**　①〔仲宣独步〕王粲，字仲宣，东汉末年著名文学家，被称为"（建安）七子之冠冕"。三国魏曹植《与杨德祖书》："昔仲宣独步于汉南，孔璋鹰扬于河朔……"

②〔子建八斗〕曹植，字子建，曹操之子，三国时著名文学家。自幼颖慧，出言为论，下笔成章。《释常谈·八斗之才》："……文章多，谓之'八斗之才'。谢灵运尝曰：'天下才有一石，曹子建独占八斗，我得一斗，天下共分一斗。'"

广汉钩距①，弘羊心计②。

◎**注释** ①〔广汉钩距〕广汉，即赵广汉，西汉人，官至京兆尹。钩距，古代兵器。后引申为辗转推问，套取实情。《汉书·赵广汉传》："（广汉）尤善为钩距，以得事情。"

②〔弘羊心计〕桑弘羊，西汉武帝时大臣，任治粟都尉，领大司农。出身商人家庭，自幼有心算才能，推行盐铁官办政策。心计，心算。见《史记·平准书》。

卫青拜幕①，去病辞第②。

◎**注释** ①〔卫青拜幕〕卫青，西汉武帝时期抗击匈奴的主要将领，武帝卫皇后的同母弟，霍去病的舅舅。拜幕，指在军营帐幕里拜受大将军印。武帝时，卫青在河套地区大破匈奴军。武帝派遣使臣，在卫青的军营帐幕里封他为大将军。见《史记·卫将军骠骑列传》和《汉书·霍去病传》。

②〔去病辞第〕霍去病，西汉武帝时期名将，卫青的外甥。辞第，辞去所赐的宅第。《汉书·霍去病传》载，霍去病因征伐匈奴有功，封冠军侯、骠骑将军。武帝为他建府第，让他去看。他说："匈奴不灭，无以家为也。"后以"辞第"指为国忘家。

郦寄卖友①，纪信诈帝②。

◎**注释** ①〔郦寄卖友〕郦寄，字况，西汉丞相郦商之子。《史记·樊郦滕灌列传》载，吕后死时，郦商病重。周勃、陈平为保证灭吕行动顺利进行，不节外生枝，便派兵包围郦府，并让郦商之子郦寄骗吕禄一起出游。周勃乘机控制了吕禄掌管的北军，保证了灭吕行动的成功。周勃、陈平等拥立文帝，汉家天下得以恢复，但郦寄却因出卖了好友吕禄而遭人唾骂，"天下称郦况卖交也"。

②〔纪（jǐ）信诈帝〕纪信，楚汉之争时刘邦的部将。诈帝，诈为汉王刘邦。《史记·高祖本纪》载，刘邦被项羽围困在荥阳，"汉军绝食。乃夜出女子东门二千余人，被甲，楚因四面击之。将军纪信乃乘王驾，诈为汉王，诳楚。……以故汉王得与数十骑出西门遁"。项羽发觉被骗，便将纪信烧死。

济叔不痴[①]，周兄无慧[②]。

◎**注释** ①〔济叔不痴〕济叔，西晋王济的叔父王湛。王湛从小有识度而少言语，兄弟宗族都认为他痴傻，王济见他甚至不行礼。一天，王济看见王湛床头有《周易》，就跟他交谈，大感惊讶。原来王湛深通《易》理。王济感慨地说："家有名士，三十年而不知，济之罪也。"后来晋武帝问王济："你家'痴叔'还在世吗？"王济回答："我的叔父不'痴'，他深通《周易》。"晋武帝又问："他的学识谁能相比？"王济回答："山涛以下，魏舒以上。"见《世说新语·赏誉》和《晋书·王湛传》。

②〔周兄无慧〕周兄，晋悼公的哥哥。晋悼公，姬姓，名周，春秋中期晋国杰出的君主，晋国霸业的复兴者。《左传·成公十八年》载，晋大夫杀晋厉公，又至京师迎周子为君。"周子（即姬周）有兄而无慧，不能辨菽麦，故不可立。（姬周的哥哥是个傻子，连豆子和麦子都分不清，所以不能迎立他为国君。）"

虞卿担簦[①]，苏章负笈[②]。

◎**注释** ①〔虞卿担簦〕《史记·平原君虞卿列传》："虞卿者，游说之士也。蹑蹻（niè jué）担簦，说（shuì）赵孝成王。一见，赐黄金百镒、白璧一双；再见，为赵上卿。故号为虞卿。"蹑蹻，穿草鞋行走。担簦，背着伞。谓奔走，跋涉。簦，有长柄的笠，相当于现代的伞。

②〔苏章负笈〕苏章，东汉人，顺帝时历任冀州刺史、并州刺史。负笈，背着

书箱,指游学外地。旧注引《太平御览》卷七一一引谢承《后汉书》:"苏章字士成,北海人。负笈追师,不远万里。"

$$\text{南风掷孕}^①,\text{商受斮涉}^②。$$
（nán fēng zhì yùn, shāng shòu zhuó shè）

◎**注释** ①〔南风掷孕〕南风,西晋开国元勋贾充的三女,是西晋惠帝的皇后,史称惠贾皇后。《晋书·后妃列传上》:"妃性酷虐,尝手杀数人。或以戟掷孕妾,子(胎儿)随刃堕地。"

②〔商受斮涉〕商受,商(殷)朝帝辛,即商纣王,历史上有名的暴君。斮涉,砍断冬月涉水者的胫骨。斮,斩,削。东汉班固《白虎通·礼乐》:"殷纣为恶日久,其恶最甚,斮涉刳(kū,剖挖)胎,残贼天下。"又《书·泰誓下》:"斮朝(zhāo)涉之胫,剖贤人之心。"孔传:"冬月见朝涉水者,谓其胫耐寒,斫而视之。"

$$\text{广德从桥}^①,\text{君章拒猎}^②。$$
（guǎng dé cóng qiáo, jūn zhāng jù liè）

◎**注释** ①〔广德从桥〕广德,即薛广德,西汉经学家。宣帝时任御史大夫,敢于直言谏诤。有一年秋天,皇上祭祀宗庙,出便门,想乘坐楼船前往。广德认为为了安全,皇上应当乘舆车,于是免冠顿首进谏:"宜从桥(应该从桥上走)。"还说:"陛下如果不听我的劝谏,我将自刎,以血溅污陛下的车轮,使陛下不能够进入宗庙!"皇上只好从桥上走。见《汉书·薛广德传》。

②〔君章拒猎〕郅恽,字君章。东汉刘秀时,郅恽为皇太子老师,后任长沙太守。《后汉书·郅恽传》载,郅恽建武中"为上东城门候。帝尝出猎,车驾夜还"。为了谏阻光武帝荒于游猎的行为,郅恽不开城门,将光武帝拒之门外。光武帝自知理亏,便改从别人看守的东中门进城。

应奉五行①，安世三箧②。

◎**注释** ①〔应奉五行〕应奉，东汉人。《后汉书·应奉传》载，应奉从小就很聪明，从小到大所经历的事，"莫不暗记，读书五行并下"，即五行文字一齐看下来，形容读书速度快。

②〔安世三箧〕安世，即张安世，西汉人，张汤之子，博闻强记。《后汉书·张安世传》注引《汉书》载，汉武帝"行幸河东"，曾丢了三箱书，于是下诏问谁知道这些书的内容。结果只有张安世记得，追记了书的内容。后来武帝又买到这些书，和张安世追记的内容相比对，"无所遗失"。箧，箱子。

相如题柱①，终军弃繻②。

◎**注释** ①〔相如题柱〕相如，西汉文学家司马相如。相，一说读xiāng。题柱，在桥柱上题写字句。相传司马相如离开蜀地赴长安时，曾在成都城北升仙桥的柱子上题句："不乘赤车驷马，不过汝下也！"见东晋常璩（qú）《华（huà）阳国志·蜀志》。后以"题桥柱"比喻矢志功名。

②〔终军弃繻〕终军，西汉济南人。少年时代刻苦好学，以博闻强记、能言善辩、文笔优美闻名于郡中。《汉书·终军传》载，终军十八岁时在济南成为博士，入关时，关吏给他用帛做成的出入关卡的凭证，告诉他回来时"当以合符"。"（终）军曰：'大丈夫西游，终不复传还。'弃繻而去。"繻，又读rú。古代作通行证用的帛。上写字，分成两半，过关时验合，作为凭证。"弃繻"，表示决心在关中创立事业。后用为年少立大志之典。

<u>孙晨稁席</u>①，<u>原宪桑枢</u>②。

◎**注释** ①〔孙晨稁席〕孙晨，东汉人，曾任京兆功曹。稁席，以稁为席。稁，"槀"的异体字，通"稾（'稿'的异体字）"，禾秆，一般指稻麦的秆子。《太平御览》卷四八五引《三辅决录》："孙晨……家贫不仕，织箕为业。明诗书。为郡功曹。冬月无被，有一束乌，暮卧中，旦收之。"

②〔原宪桑枢〕原宪，孔子弟子。他出身贫寒，性情刚直，一生安贫乐道，不肯与世俗合流。《庄子·让王》载，"原宪居鲁，环堵之室"，以青草为屋顶，门是用树枝编扎的，"桑以为枢"。《世说新语·言语》："原宪桑枢，不易有官之宅。"桑枢，以桑树做门轴。借指贫寒之家。

<u>端木辞金</u>①，<u>钟离委珠</u>②。

◎**注释** ①〔端木辞金〕端木，复姓。这里指端木赐，字子贡，孔子的弟子，是"孔门七十二贤"之一。曾任鲁、卫两国之相。《孔子家语·致思》载，鲁国有一项法令，凡是赎回在其他诸侯国做奴隶的鲁国人的，可向国家领取相当于赎金的金钱。子贡赎回在外为奴的鲁国人，却不接受国家的金钱。孔子认为子贡的做法不妥。

②〔钟离委珠〕钟离，复姓。这里指钟离意，东汉人。《东观汉记·钟离意传》载，钟离意在显宗时为尚书，显宗没收交趾太守贪赃得来的财物，分赐群臣，钟离意得到珠玑，却全部丢弃在地上而不拜谢。显宗问他为什么这样做，他说：孔子再渴也不喝盗泉的水。这些不干不净的东西，我不能要。委，弃，抛弃。后以"委珠"为不收赃物、清廉自持之典。

季札挂剑①，徐稚致刍②。

◎ **注释** ①〔季札挂剑〕季札，春秋时吴王寿梦的小儿子。封于延陵，称延陵季子。《史记·吴太伯世家》载，季札出使鲁国路过徐国，徐国国君很爱他的宝剑。季札心想，自己出使鲁国还须佩剑，等回来时再送给他。可等到回来时，徐君已死，季札就把剑挂在徐君墓旁树上，表示不能因徐君已死而违背自己许剑的心愿。后以"挂剑"为怀念亡友或对亡友守信的典故。也用来讳称朋友逝世。

②〔徐稚致刍〕徐稚，东汉经学家。家境贫寒，自耕而食，多次拒聘，终不为官，世人称"南州高士"。《后汉书·徐稚传》载，东汉贤士郭泰的母亲去世，徐稚前往吊唁，只在墓前放一束生刍便离开了。致，一作"置"。刍，即生刍，鲜草。《诗·小雅·白驹》："生刍一束，其人如玉。"后以生刍雅称吊祭的财物。

朱云折槛①，申屠断鞅②。

◎ **注释** ①〔朱云折槛〕西汉槐里令朱云朝见成帝时，请赐剑以斩做过皇帝老师的佞臣安昌侯张禹。成帝大怒，命将朱云拉下斩首。朱云攀着栏杆，抗声不止，把栏杆都折断了。在大臣力保之下，成帝没有杀掉他。后来修栏杆时，成帝命保留原貌，以表彰直谏之臣。见《汉书·朱云传》。后用为直言谏诤的典故。

②〔申屠断鞅〕申屠，即申屠刚，东汉大臣，光武帝时任尚书令。《后汉书·申屠刚传》载，光武帝曾想出游。申屠刚认为"陇蜀未平，不宜宴安逸豫"。光武帝不听劝谏，申屠刚便用头死死顶住车轮。光武帝无奈，不得不放弃出游的打算。但没有"断鞅"的记载。相关的记载有两处，一处是东汉建武八年（32年），光武帝刘秀要去打隗（wěi）嚣，郭宪反对，"谏曰：'天下初定，车驾未可以动。'宪乃当车拔佩刀以断车靷（yǐn）"（《后汉书·郭宪传》）。另一处是周章随太守春日出巡，途中，太守想去拜见刚被罢免的权臣窦宪，周章反对。"太守不听，遂便升车。（周）章前拔佩刀绝马鞅，于是乃止"（《后汉书·周章传》）。清代杨守敬《日本访书志》："'申屠断鞅'疑出《东观汉记》。"断鞅，砍断马鞅。鞅，夹贴在马颈两旁的皮条。后用作强谏之典。

<u>卫玠羊车</u>①，<u>王恭鹤氅</u>②。

◎**注释** ①〔卫玠羊车〕卫玠，西晋人，长得非常漂亮。羊车，用羊拉的小车。《晋书·卫玠传》载，卫玠总角时（指幼年）"乘羊车入市，见者皆以为玉人"，引得众人围观。

②〔王恭鹤氅〕王恭，东晋孝武帝王皇后之兄。《世说新语·企羡》："孟昶（chǎng）未达（显达）时，家在京口，尝见王恭乘高舆，被鹤氅裘。于时微雪，昶于篱间窥之，叹曰：'此真神仙中人！'"鹤氅，用鹤羽制成的大衣。古代一般用作外套。

<u>管仲随马</u>①，<u>仓舒称象</u>②。

◎**注释** ①〔管仲随马〕管仲，春秋初期政治家，被齐桓公任命为卿，尊称"仲父"。他辅佐齐桓公，使之成为春秋时期诸侯国的第一位霸主。《韩非子·说林上》载，管仲随齐桓公征伐孤竹国，"春往冬反（返），迷惑失道。管仲曰：'老马之智可用也。'乃放老马而随之"，得以顺利回国。后以"老马识途"比喻对某事富有经验，能为先导。

②〔仓舒称象〕曹冲，字仓舒，曹操的小儿子。《三国志·魏书·武文世王公传》载，曹冲五六岁时就有成人的智力。当时孙权曾送来一头大象，曹操想知道它有多重，但左右的人谁也想不出称量的办法来。曹冲说："把象放到大船上，刻下船帮的水痕；然后把大象赶上岸，换上其他东西，把船压到刚刻的水痕上，再去称量这些东西有多重，不就行了吗？"曹操非常高兴，立刻叫人照办。仓舒，《全唐诗》存本作"苍舒"，未从。

$$\underset{\text{dīng}}{丁} \underset{\text{lán}}{兰} \underset{\text{kè}}{刻} \underset{\text{mù}}{木}^{①}, \underset{\text{bó}}{伯} \underset{\text{yú}}{瑜} \underset{\text{qì}}{泣} \underset{\text{zhàng}}{杖}^{②}。$$

◎**注释** ①〔丁兰刻木〕丁兰，东汉人，孝子。刻木，把木头雕成人像。《〈搜神记〉佚文》："丁兰，河内野王（今河南沁阳）人。年十五，丧母。乃刻木作母事之，供养如生。"

②〔伯瑜泣杖〕伯瑜，也作"伯俞"，汉朝人，姓韩，古代孝子。西汉刘向《说苑·建本》载，一次，伯俞做了错事，他的母亲用木杖打他，他哭了起来。母亲问他："以前打你，没见你哭过，今天为什么哭呢？"伯瑜回答道："以前我有错儿挨打，觉得疼；现在打我我不疼，知道母亲身体不如以前了，所以我才哭。"后以"泣杖"为尽孝之典型。

$$\underset{\text{chén}}{陈} \underset{\text{kuí}}{逵} \underset{\text{háo}}{豪} \underset{\text{shuǎng}}{爽}^{①}, \underset{\text{tián}}{田} \underset{\text{fāng}}{方} \underset{\text{jiǎn}}{简} \underset{\text{ào}}{傲}^{②}。$$

◎**注释** ①〔陈逵豪爽〕陈逵，东晋人。官至中郎将，领淮南太守，戍守历阳。《世说新语·豪爽》载，陈逵能言善辩，"都下诸人"一同邀他在牛渚相会，打算将他辩倒。陈逵则"以如意拄颊，望鸡笼山叹曰：'孙伯符（伯符，孙策的字）志业不遂！'于是竟坐不得谈。"陈逵的意思是现在东晋偏安江南，自己虽有匡复中原的雄心壮志，却没有机会，不能像当年孙策那样雄踞江东，西进荆楚。这样的话头充满家仇国恨，大家也就没心情清谈辩论了。

②〔田方简傲〕田方，即田子方。初事魏文侯，后任齐国相国。为人刚毅果决，傲王侯而轻富贵。《史记·魏世家》载，魏文侯率军征伐中山国，让子击留守在朝（zhāo）歌代理国政。一天，子击路遇魏文侯的老师田子方，便下车施礼，而田子方却不回礼。子击便发问："是富贵者可以傲慢待人呢，还是贫贱者可以傲慢待人呢？"田子方回答：只有贫贱者可以傲慢待人。"夫诸侯而骄人（傲慢待人）则失其国，大夫而骄人则失其家（封地），贫贱者行不合、言不用"就可以远走高飞，抛弃眼前的俸禄就好比甩掉一双鞋子一样，毫不可惜。简傲，高傲，傲慢。

<u>黄 向 访 主</u>①，<u>陈 寔 遗 盗</u>②。

◎**注释** ①〔黄向访主〕黄向，东汉人。他曾在路上捡到一袋珠玉，不肯私吞，想方设法寻访到失主后，将原物奉还。失主要拿一半珍珠美玉酬谢他，他却头也不回地走了。见《太平御览》卷四二五。

②〔陈寔遗（wèi）盗〕陈寔，东汉重臣，老年退居故里。《后汉书·陈寔传》载，时值荒年，一天晚上，有人藏在陈寔家的房梁上准备偷东西。陈寔假装没发现，召来子孙训话说："夫（fú）人不可以不自勉。不善之人未必本恶，习以性成，遂至于此。梁上君子者是矣！"盗贼听了大惊，跳到地上向陈寔谢罪。陈寔好言劝慰他，还送给他一匹绢。这名盗贼深受感动，从此改恶从善。后以"梁上君子"为窃贼的代称。遗，赠送。

<u>庞 俭 凿 井</u>①，<u>阴 方 祀 灶</u>②。

◎**注释** ①〔庞俭凿井〕《太平御览》卷四七二引东汉应劭《风俗通》载，河南平阴人庞俭生逢乱世，父亲走失，他才三岁，弟弟还在襁褓里。后来庞俭客居他乡，在院里挖井时挖出好多钱来。生活富裕后，他买了一个老头儿当仆人，没想到这老头儿竟是自己的父亲。当时人们传说："庐里诸庞，凿井得铜，买奴得公。"后以"凿井得铜奴得翁"比喻事出偶然，意外巧合。

②〔阴方祀灶〕阴方，即阴子方，西汉人。南朝梁宗懔《荆楚岁时记》："（汉）宣帝时阴子方者，至孝有仁恩。"他在腊日（汉代以冬至后第三个戌日为腊日）做早饭时，灶神（灶王爷）现形。阴子方赶紧跪拜，并拿家中仅有的一只黄羊祭祀灶神。从此，他家"暴至巨富"，子孙代代受益。所以，后世留下腊日用黄羊祭祀灶神的习俗。

韩寿窃香①，王濛市帽②。

◎**注释** ①〔韩寿窃香〕韩寿，西晋人，司空贾充的僚属。贾充之女对韩寿心生爱慕，便和他私通，又偷出武帝赐给父亲的西域奇香赠给韩寿。贾充发现后，顺水推舟，把女儿嫁给了韩寿。见《晋书·贾充传》。

②〔王濛市帽〕《晋书·外戚传·王濛》载，王濛"美姿容"，年轻时家境贫穷。一次，他的帽子破了，"自入市买之"。卖帽子的老妇人很喜欢他的容貌，便送他一顶新帽。市，买。

勾践投醪①，陆抗尝药②。

◎**注释** ①〔勾践投醪〕勾践，春秋末期越国国君。曾被吴王夫差击败，屈服求和，入臣于吴，后来被放回故国。他不忘失败的耻辱，卧薪尝胆，刻苦励志，终于转弱为强，灭亡吴国。《吕氏春秋·顺民》载，"越王苦会稽之耻"，决心固结民心，报仇雪恨。于是他和百姓同甘共苦：有甘美的食物，不够分，自己不敢吃；"有酒，流之江（倒入江水中），与民同之（古人以江水或河水为生活用水）"。后以"投醪"指与军民同甘苦。醪，酒。

②〔陆抗尝药〕陆抗，三国时吴国名将，陆逊之子。羊祜（hù）率晋军南下攻吴，陆抗曾坚决抵抗。二人各为其主，但对彼此的人格都互相信任。一次，陆抗得了病，羊祜派人送来药，陆抗毫不疑心地把药服下。左右劝陆抗要多加小心，陆抗说："羊祜岂鸩（zhèn）人者！（羊祜怎么会是给人下毒的人！）"见《晋书·羊祜传》。

孔愉放龟①，张颢堕鹊②。

◎**注释** ①〔孔愉放龟〕孔愉，东晋大臣，曾任丞相掾、尚书左仆射，因军功封余不亭侯。孔愉曾在余不亭附近的路上见有人把一只乌龟养在笼子里，就把它买下来放回溪水中。"龟行至水，反顾视愉"。后来孔愉被封侯而铸印时，"龟首回屈，三铸如初"，好像当年他放生的那只乌龟回头的样子。古代印钮多作龟形，石质雕成，金（属）质铸成。见《晋书·孔愉传》。

②〔张颢堕鹊〕张颢，东汉人，灵帝时任太尉。东晋干宝《搜神记》卷九载，张颢在做梁相时，曾得到一方由一只山鹊落地后变成的金印，后来官至太尉。后以"鹊印"指得官的喜兆。

田豫俭素①，李恂清约②。

◎**注释** ①〔田豫俭素〕田豫，三国时期曹魏将领。《三国志·魏书·田豫传》载，田豫清廉朴素，所得赏赐全部分给将士。凡是胡人、狄人的馈赠，都造册入官，不进家门。"家常贫匮"。即使不跟田豫志同道合的人，也都佩服他的高尚品质。

②〔李恂清约〕李恂，东汉的一位廉吏。《后汉书·李恂传》载，他在任期间清廉简朴，常常"席羊皮，服布被"。时逢大将军窦宪率军北伐匈奴，屯兵武威。远近州郡官员为讨好窦宪，争相送礼，唯独李恂奉公不阿（ē），未送礼品，因此被窦宪构陷而免官。其后，又被调任武威太守。不久因事免职，回归乡里，生活清贫。时值西羌反叛，他被羌人俘虏。羌人素闻其名，敬其为人，就将他放了。时遇岁荒，司空张敏、司徒鲁恭等派儿子给他送去粮食，他坚辞不受，以拾野果、草籽、橡实为生。享年九十六。清约，清指廉洁，约指生活简朴。

义纵攻剽①，周阳暴虐②。

◎**注释** ①〔义纵攻剽〕义纵，西汉中期以严厉手段打击豪强地主的著名"酷吏"。义纵少年时曾伙同他人抢劫为盗。见《史记·酷吏列传》。攻剽，侵扰劫夺。

②〔周阳暴虐〕周阳，指周阳由，西汉人。其父赵兼被封为周阳侯，所以他姓周阳。文帝时为郎，景帝时为郡守。《汉书·酷吏列传》载，武帝时，"（周阳）由居二千石中，最为暴酷骄恣。所爱者，挠法（枉法）活之；所憎者，曲法（枉法）灭之。"

孟阳掷瓦①，贾氏如皋②。

◎**注释** ①〔孟阳掷瓦〕张载，字孟阳，西晋文学家。性格娴雅，博学多闻，但其貌不扬。《世说新语·容止》刘孝标注引《语林》："安仁（潘岳字安仁）至美，每行，老妪以果掷之满车。张孟阳至丑，每行，小儿以瓦石投之，亦满车。"

②〔贾氏如皋〕《左传·昭公二十八年》："昔贾大夫恶（貌丑），娶妻而美，三年不言不笑，御（驾车）以如皋，射雉（zhì，野鸡），获之。其妻始笑而言。"如皋，到水边的高地上。如，到。皋，近水处的高地。

颜回箪瓢①，仲蔚蓬蒿②。

◎**注释** ①〔颜回箪瓢〕颜回，孔子最得意的弟子。不幸早死。《论语·雍也》："贤哉，回也！一箪食，一瓢饮，在陋巷，人不堪其忧，（颜）回也不改其乐。贤哉，回也！"后用为生活简朴、安贫乐道之典。

②〔仲蔚蓬蒿〕魏晋间皇甫谧《高士传·张仲蔚》："张仲蔚者，平陵人也……常居穷素，所处（chǔ）蓬蒿没（mò）人。"

$$\text{mí zhú shōu zī}$$
$$\text{糜竺收资}^{①}，\text{桓景登高}^{②}。$$

◎**注释** ①〔糜竺收资〕《三国志·蜀书·糜竺传》："糜竺，字子仲，东海朐（qú）人也。祖世货殖，僮客万人，赀（zī，同'资'）产巨亿。"裴松之注引《搜神记》载，糜竺曾从洛阳回家，离家还有几十里远，路旁有一位妇人请求搭车。走了几里地后，妇人辞谢而去，临走时对糜竺说："我是天使，现在去东海烧糜竺家。感谢你让我搭车，所以把这个消息告诉你。"糜竺请求妇人别烧自己的家。妇人说："不能不烧。但我让你快跑，我慢走，到正午时，火就一定会烧起来。"糜竺飞奔到家，急忙把财物搬出。到了正午，熊熊烈火果然烧了起来。

②〔桓景登高〕南朝梁吴均《续齐谐记·九日登高》载，汝南人桓景随费长（zhǎng）房游学多年。长房对他说："九月九日，你家中会遭灾。你赶快回家，让家人各做绛囊，内盛茱萸，系在臂上，然后登高饮菊花酒，就可以躲过这场大祸。"桓景照他的话去做，全家登山。晚上下山回家一看，见鸡犬牛羊全都死了。

$$\text{léi huàn sòng jiàn} \quad \text{lǚ qián pèi dāo}$$
$$\text{雷焕送剑}^{①}，\text{吕虔佩刀}^{②}。$$

◎**注释** ①〔雷焕送剑〕雷焕，西晋人，善星历卜占，曾为丰城县令。《晋书·张华传》载，雷焕在丰城狱内挖得龙泉、太阿两把宝剑，一送张华，一留自佩。

②〔吕虔佩刀〕三国魏刺史吕虔有一把宝刀，相士看过后，认为必须是位居三公的人才可以佩带。吕虔把它赠给王祥；王祥后位列三公，临终，又把刀授给弟弟王览；王览后来官至太中大夫。见《晋书·王祥传》。后用"吕虔刀"作宝刀的美称。

老莱斑衣①，黄香扇枕②。

◎**注释** ①〔老莱斑衣〕春秋时，楚国有位隐士，名叫老莱子。他非常孝顺父母，对父母体贴入微。为了让双亲高兴，他在七十岁时还曾扮成小孩儿，穿五彩衣服，装出啼哭玩笑的样子。见《艺文类聚》卷二十引西汉刘向《列女传》。

②〔黄香扇枕〕黄香，东汉人。《太平御览》卷七〇七引《东观汉记·黄香传》载，黄香九岁时母亲去世，父亲黄况"贫无奴仆。(黄)香躬执勤苦，尽心供养。暑即扇床枕，寒即以身温席"。后以"扇枕温席"为孝亲的典故。

王祥守奈①，蔡顺分椹②。

◎**注释** ①〔王祥守奈〕王祥，历汉、魏、西晋三代，以孝著称，为二十四孝之一——"卧冰求鲤"的主人翁。《晋书·王祥传》："祥性至孝。早丧亲，继母朱氏不慈……有丹柰结实，母命守之。每风雨，祥辄抱树而泣。"奈，也作"柰"，古代指一种类似花红（也说沙果）的果树。

②〔蔡顺分椹〕蔡顺，东汉人，"以至孝称"。《后汉书》卷三十九有传（附《周磐传》后）。《东观汉记》卷十五："王莽乱，人相食。(蔡)顺取桑椹，赤黑异器（红的黑的不放在一个筐里）。贼问所以，云：'黑与母，赤自食。'（桑椹黑者熟而甜软，红者半熟而酸硬。）贼异之，遗（wèi，送给）盐二斗，受而不食。"

淮南食时①，左思十稔②。

◎**注释** ①〔淮南食时〕淮南，指淮南王刘安。汉高祖刘邦之孙，淮南厉王刘长之子。他才思敏捷，好读书，善文辞，爱鼓琴，是西汉思想家、文学家。《汉书·刘安传》载，景帝看到刘安所献上的《内篇》，十分欣赏，便让他作《离骚传》。刘安

"旦受诏,日食时上"。又,荀悦《汉纪·孝武纪》:"(皇)上使(刘)安作《离骚赋》,旦受诏,食时毕。"旦,即平旦,日出前天刚亮时,相当于寅时(3时至5时)。食时,特指进早餐的时刻,相当于辰时(7时至9时)。

②〔左思十稔〕西晋文学家左思作《三都赋》,构思十年才写成,豪贵之家竞相传抄,洛阳为之纸贵。见《晋书·文苑传·左思》。后以"三都赋"指广为流传的名篇。十稔,十年。稔,庄稼成熟,代指一岁。

刘惔倾酿①,孝伯痛饮②。

◎**注释** ①〔刘惔倾酿〕刘惔,东晋人,曾任丹阳尹。《世说新语·赏誉》载,刘惔说,看到何充饮酒后温和的样子,"使人欲倾家酿"。又,《晋书·何充传》说何充"能饮酒,雅为刘惔所贵。惔每云:'见次道(何充字次道)饮,令人欲倾家酿。'言其能温克(指喝醉酒后能控制自己,保持温和的仪态)也。"倾,喝干,喝光。酿,此处指家酿,家中自酿的酒。

②〔孝伯痛饮〕王恭,字孝伯,东晋孝武帝王皇后之兄。《世说新语·任诞》载,王孝伯说:名士不一定非得是奇才,"常得无事,痛饮酒,熟读《离骚》,便可称名士"。

女娲补天①,长房缩地②。

◎**注释** ①〔女娲补天〕女娲,神话中人类的始祖。《淮南子·览冥训》:"往古之时,四极废,九州裂,天不兼覆,地不周载……于是女娲炼五色石以补苍天,断鳌足以立四极。"后用作典故,比喻挽回世运。

②〔长房缩地〕长房,即东汉方士费长房。缩地,化远为近的神仙之术。东晋葛洪《神仙传·壶公》载,费长房有神术,可使千里之远的地方缩于眼前,放之又舒展如旧。

季珪士首①，长孺国器②。

◎**注释** ①〔季珪士首〕崔琰（yǎn），字季珪，东汉末年曹操的部下。《三国志·魏书·崔琰传》裴松之注引《魏略》载，魏明帝时，崔林曾经和司空陈群共同评论冀州人士，认为崔琰为士人之首。

②〔长孺国器〕长孺，即韩安国，字长孺，西汉大臣，武帝时官至御史大夫。《汉书·韩安国传》："唯天子以（韩长孺）为国器。"国器，旧指可以治国的人才。

陆玩无人①，贾诩非次②。

◎**注释** ①〔陆玩无人〕《世说新语·规箴》载，东晋重臣王导、郗鉴、庾亮相继去世后，朝野都认为三良既没，国家危急。因为陆玩有德望，便起用他为侍中、司空，位列三公。陆玩知道自己比不上前贤，谦虚地对宾客说："以我为三公，是天下为无人。"

②〔贾诩非次〕贾诩，三国时期魏国谋士，官至太尉。《三国志·魏书·贾诩传》裴松之注引《荀勖别传》载，晋朝司徒一职空缺，武帝让荀勖推荐人选。荀勖回答道：三公，天下的人都在看着他的所作所为，"不可用非其人。昔魏文帝用贾诩为三公，孙权笑之"。非次，不是担任三公职位的人才。次，职位。

何晏神伏①，郭奕心醉②。

◎**注释** ①〔何晏神伏〕何晏，三国魏玄学家，官侍中、尚书。《世说新语·文学》载，何晏刚刚注完《老子》，便去请魏晋玄学理论的奠基人王弼欣赏。可到了那里，"见王注（王弼注的《老子》）精奇，乃神伏，曰：'若斯人可与论天人之际矣。'"神伏，从内心深处感到佩服。

②〔郭奕心醉〕郭奕，西晋人，官至尚书。《晋书·阮咸传》载，郭奕为人清高、爽直，有知人之智，在当时很有名气。他很少推许人，但见到阮咸以后，"心醉，不觉叹焉"。

常林带经①，高凤漂麦②。

◎**注释** ①〔常林带经〕常林，三国时魏国人，官至光禄大夫。带经，随身携带经书。《三国志·魏书·常林传》裴松之注引《魏略》曰："（常）林少单贫。……性好学，汉末为诸生，带经耕锄。"

②〔高凤漂麦〕高凤，东汉名儒。一天，妻子把麦子摊到庭院里晒，让高凤看守。赶上天降暴雨，麦子漂走。高凤一心持书诵读，竟全然不知。见《后汉书·逸民列传·高凤》。后以"漂麦"为专心读书的典故。

孟嘉落帽①，庾凯堕帻②。

◎**注释** ①〔孟嘉落帽〕孟嘉，东晋著名文人。陶渊明的外祖父。曾在大将军桓温手下任参军。《晋书·桓温传附孟嘉》载，一年九月初九重阳节，桓温在龙山上请客。"有风至，吹（孟）嘉帽堕落"，可孟嘉竟然没发觉。过了好半天，孟嘉去厕所，桓温让人把帽子捡起来，并让孙盛作文嘲笑他，然后把帽子和文章放在他的座位上。"嘉还见，即答之，其文甚美，四坐嗟叹"。后以"落帽"作为重九登高的典故。

②〔庾凯堕帻〕庾凯，东晋人。堕帻，头巾掉落，形容酒醉失去常态。《世说新语·雅量》记载，刘舆在太傅司马越的府中任长史，当时不少人士被他构陷，只有庾凯无隙可乘。刘舆了解到庾凯"性俭家富"，便鼓动太傅提出向庾凯换一千万钱，如果庾凯舍不得换，便可借机陷害他。于是太傅当众问庾凯，"庾时颓然已醉，帻坠几上，以头就穿取"，然后慢慢地说：我家有两三千万钱，"随公所取"。事后有人向庾凯谈到刘舆的阴谋，庾凯说："可谓以小人之虑，度（duó）君子之心。"凯，《世

说新语·附释名》作"敱（ái）"。

lóng páng bǎn chū　　zhāng huá tái chè
<u>龙　逢　板　出</u>①，<u>张　华　台　坼</u>②。

◎**注释** ①〔龙逢板出〕龙逢，即关龙逢，夏桀时大臣。《韩诗外传》载，夏桀荒淫无道，关龙逢进谏说：古代的君王，讲究仁义，爱民节财，因此国家久安长治。如今您如此挥霍财物，杀人无度，若不改变，上天会降下灾祸。说完，站在朝廷上不肯离去。夏桀大怒，命人把他囚禁起来，最后杀掉。逢，"逄"的本字。板，金板，也作"金版"，天子祭告上帝镂刻告词的金属版，也用以铭记大事，使不被磨灭。传说夏桀杀关龙逢后，地庭中冒出金版书。《文选·任昉〈百辟劝进今上笺〉》："金版出地，告龙逢之怨。"

②〔张华台坼〕张华，西晋文学家，官至司空。台坼，即台星坼，台星分散，离开原来两两相对的位置，表示三公有凶险。台，台星，晋代以台星代表三公。坼，离开，分散。《晋书·张华传》载，起初，张华所封的壮武郡里有桑树化为柏树，"识者以为不祥。又（张）华第舍及监省数（shuò）有妖怪"。他的小儿子以"中台星坼"恐怕对三公不利，劝父亲辞官。张华不听劝告，后来被赵王司马伦和孙秀杀害。《晋书·天文志一》说，天台有六星，两两相对，是三公之象。

dǒng fèng huó xiè　　biǎn què qǐ guó
<u>董　奉　活　燮</u>①，<u>扁　鹊　起　虢</u>②。

◎**注释** ①〔董奉活燮〕董奉，三国时吴国人，有道术，会治病。《神仙传》卷十载，交州刺史杜燮得病死了三天了。董奉赶去，往杜燮嘴里塞了三丸药，用水灌了下去，杜燮半天就能坐起来，四天就能说话了。活，救活。燮，指杜燮。

②〔扁鹊起虢〕扁鹊，战国时名医，原名秦越人。他医道精湛，名闻天下。《史记·扁鹊仓公列传》载，扁鹊曾到过虢国，听说虢太子已死。他判定太子并未真死，而是"尸厥"，于是便先用针灸，再用药敷后灌汤药，把太子救活。起，救起，救

活。虢，这里指虢国太子。

寇恂借一^①，何武去思^②。

◎**注释** ①〔寇恂借一〕寇恂，东汉"云台二十八将"之一。曾任颍川汝南太守，颇有政绩，后离任。建武八年（32年），颍川盗贼蜂起，光武帝南征，寇恂跟随。盗贼见寇恂到来，全部投降。当地百姓纷纷向光武帝请求说："愿从陛下复借寇君一年。"光武帝只好命寇恂暂时留下，镇抚吏民，受纳余降。见《后汉书·寇恂传》。

②〔何武去思〕何武，西汉大臣，历任廷尉、大司空。《汉书·何武传》载，何武为人仁厚，经常向朝廷举荐贤人，称人之善。何武在职时没有赫赫名声，但"去后常见思（见思，被人思念）"。

韩子《孤愤》^①，梁鸿《五噫》^②。

◎**注释** ①〔韩子孤愤〕韩子，即战国末期思想家、法家的集大成者韩非。《孤愤》，韩非所著的书篇名。《史记·老子韩非列传》："（韩非）悲廉直不容于邪枉之臣，观往者得失之变，故作《孤愤》。"

②〔梁鸿《五噫》〕梁鸿，东汉高士。与妻孟光隐居霸陵山中。《五噫》，诗歌名，相传为梁鸿路过京师所作，讽刺帝王生活奢侈，同情百姓劳苦。《后汉书·逸民列传·梁鸿》："因东出关，过京师，作《五噫之歌》，曰：'陟（zhì）彼北芒兮，噫！顾览帝京兮，噫！宫室崔嵬（wéi）兮，噫！人之劬（qú）劳兮，噫！辽辽未央兮，噫！'"噫，叹词，相当于现代汉语的"唉"。

蔡琰辨琴①，王粲覆棋②。

◎**注释** ①〔蔡琰辨琴〕蔡琰，原字昭姬，晋时避司马昭讳，改字文姬。她是东汉末年文学家、书法家蔡邕的女儿，三国时期女诗人、琴乐家。史书说她"博学而有才辨，又妙于音律"。据说，她六岁时能在晚上听出父亲弹断的是哪一根琴弦。见《艺文类聚》卷四十四引《蔡琰别传》。

②〔王粲覆棋〕王粲，东汉末年文学家，"建安七子"之一。王粲记忆力很强。一次看别人下围棋，棋局弄乱，王粲马上给他们重新摆好，不误一子。见《三国志·魏书·王粲传》。覆棋，本指棋下过后，重新按原来下的顺序，逐步演布，以验得失。这里是"覆局"之意，即棋局弄乱后，重行布棋如旧。覆，通"复"，恢复原貌。

西门投巫①，何谦焚祠②。

◎**注释** ①〔西门投巫〕西门豹，战国时期魏国人。魏文侯时任邺令。他初到邺城时，看到这里人烟稀少，百业萧条。经调查得知这里屡遭水患，女巫勾结郡丞等假借为河伯娶妇来榨取民财，百姓困苦不堪。于是他巧妙地利用三老等地方豪强和巫婆为河伯娶妻的机会，先后把巫婆和她的三个弟子以及三老扔到河里，惩治了地方恶霸势力，刹住了当地的邪恶风气。见《史记·滑（gǔ）稽列传》。

②〔何谦焚祠〕何谦，东晋人。焚祠，旧注："《晋书》：何谦……从谢玄征伐，骁果多权略。谦不畏神祠，遇有灵庙，皆焚之。"查《晋书·谢玄传》和《晋书·刘牢之传》，虽涉及何谦带兵攻战的史实，但没有焚祠的记载。清代杨守敬《日本访书志》："何谦附见《晋书·谢玄传》，不言其焚祠事，当在十八家《晋书》（古代修撰《晋书》的有二十余家，泛称'十八家晋书'，后大多亡佚。唐修《晋书》原称《新晋书》，是为了区别十八家）中。"

孟尝还珠①，刘昆反火②。

◎**注释** ①〔孟尝还珠〕孟尝，东汉人，曾任合浦太守。合浦盛产蚌珠，由于前任太守贪索不已，致使珠蚌迁移到邻郡。孟尝到官，改革前弊，为政清廉，结果离去的珠蚌又回来了。见《后汉书·循吏传·孟尝》。后以"还珠"形容为官清廉，政绩卓著。

②〔刘昆反火〕刘昆，东汉人，建武初年任江陵令。当时县内多火灾，每次他都向火叩头，多能降雨并让风转向。见《后汉书·儒林传上·刘昆》。后以"反风灭火"比喻施行德政。

姜肱共被①，孔融让果②。

◎**注释** ①〔姜肱共被〕姜肱，东汉人。《后汉书·姜肱传》载，姜肱和弟弟仲海、季江"俱以孝行著闻。其友爱天至，常共卧起"。

②〔孔融让果〕孔融，东汉末文学家，孔子的二十世孙。《孔融家传》载，孔融兄弟七人，他行六。四岁时，和哥哥们在一块儿吃梨，他总是挑小的。

端康相代①，亮陟隔坐②。

◎**注释** ①〔端康相代〕端康，指东汉京兆人韦端、韦康父子。相代，相继。韦端，字休甫，官太仆，与孔融友善。他曾派儿子韦康（字元将）、韦诞（字仲将）去看望孔融。孔融《与韦休甫书》："前日元将来，渊才亮茂，雅度弘毅，伟世之器也；昨日仲将复来，懿性贞实，文敏笃诚，保家之主也。不意双珠，近出老蚌，甚珍贵之。"

②〔亮陟隔坐〕亮陟，指三国时期吴国的纪亮、纪陟父子。《三国志·吴书·三嗣主传》注引《吴录》："孙休时，父（纪）亮为尚书令，而（纪）陟为中书令，每朝会，诏以屏风隔其座。"隔坐，古人认为辈分不同的人在朝会时不方便，就用屏风隔开双方。南宋戴埴（zhí）《鼠璞·御屏隔坐》："今人用御屏隔坐之事，以吴尚书令纪亮与子中书令陟朝会以御屏隔坐。然隔坐不始于亮。后汉郑弘为太尉，举第五伦为司空，班次在下。每朝见，弘曲躬自卑，上遂听置云母屏分隔其坐。由此为故事。是隔坐发端于门生座主也。"

zhào lún liú guài　　liáng xiào niú huò
赵 伦 瘤 怪①，梁 孝 牛 祸②。

◎**注释**　①〔赵伦瘤怪〕赵伦，即司马伦，西晋宣帝司马懿第九子，封赵王。永康二年（301年），司马伦威逼晋惠帝司马衷禅位，改元建始。后来败落，被赐死于金墉城，妻子儿女及党羽都被处死。《晋书·赵王伦传》："伦目上有瘤，时以为妖焉。"瘤，《全唐诗》存本作"鹠"，未从。

②〔梁孝牛祸〕梁孝，即西汉梁孝王刘武，汉文帝嫡次子，汉景帝同母弟。封代王、淮阳王、梁王。"七国之乱"期间，曾率兵抵御吴王刘濞（bì），保卫国都长安。《史记·梁孝王世家》载，刘武到梁山打猎，有人献来一头牛，牛的脚生在牛背上。刘武见了很讨厌它，认为这预示着将有大祸临头。果不其然，"六月中，病热，六日薨（hōng，诸侯死）"。

huán diǎn bì mǎ　　wáng zūn chì yù
桓 典 避 马①，王 尊 叱 驭②。

◎**注释**　①〔桓典避马〕桓典，东汉灵帝时任侍御史。当时宦官专权，他正直不屈，执法不避权贵，京城的官员对他心存畏惧。他常骑一匹骢马（毛色青白相间的马），京城人说："行行且止，避骢马御史。"见《后汉书·桓荣传附桓典》。

②〔王尊叱驭〕王尊，西汉益州刺史。在其辖境邛崃（qióng lái）内有一险要之

地九折阪。前任刺史王阳经过此处时，感叹地说："父母给我这条命，我怎能老是在这儿冒险!"于是上任不久便因病告归。王尊接任后行至此处，喝令驭手说："把车赶过去!"后人称王阳为孝子，王尊为忠臣。见《汉书·王尊传》。后以"叱驭"为报效国家而不畏艰险之典。

cháo cuò qiào zhí，zhào yǔ lián jū
晁　错　峭　直①，赵　禹　廉　倨②。

◎**注释**　①〔晁错峭直〕晁错，西汉大臣，景帝时任御史大夫。他曾多次上书主张加强中央集权、削减诸侯封地、重农贵粟。吴、楚等七国以诛晁错为名发动叛乱时，他被景帝错杀。《史记》《汉书》均载晁错"为人峭直刻深"。峭直，严峻刚正。

②〔赵禹廉倨〕赵禹，西汉大臣，汉武帝时任御史，至中大夫。廉倨，廉洁孤傲。《史记·酷吏列传》载，"禹为人廉倨"，为官以后，不养私客。公卿登门相请，赵禹从不回报酬谢，"务在绝知友宾客之请，孤立行一意而已"。廉倨，《汉书·酷吏传·赵禹》作"廉裾"。廉，指方正耿介，不苟且。

liàng wèi jīn guó，bèi shī bǐ zhù
亮　遗　巾　帼①，备　失　匕　箸②。

◎**注释**　①〔亮遗（wèi）巾帼〕亮，指诸葛亮。遗，送给，赠送。巾帼，我国古代妇女的一种假髻，用金属做成框架，外裱黑色缯帛以代头发。公元234年，蜀汉为了消灭曹魏政权，由丞相诸葛亮带兵出斜谷（今陕西眉县南），攻伐魏国。魏将司马懿带兵在渭南相拒。蜀军求战心切，但魏军以逸待劳，坚守不出，等待战机。《晋书·宣帝纪》载，诸葛亮"数（shuò，多次）挑战，帝（司马懿）不出，因遗帝巾帼妇人之饰"，目的是羞辱司马懿以激怒他出战。

②〔备失匕箸〕备，指刘备。《三国志·蜀书·先主传》载，刘备未发迹前，曾在曹操手下暂且栖身。他怕曹操了解他的政治抱负会加害于他，便装作胸无大志，亲自耕地种菜。但曹操未被刘备的假象蒙蔽。一次，曹操与刘备"青梅煮酒论英

雄",在否定了各路诸侯之后,"曹公从容谓先主曰:'今天下英雄,唯使君与操耳(只有您刘使君和我曹操二人罢了)。'先主方食,失匕箸"。谓刘备因受惊而失落手中的餐具。后称受惊失措为"失箸"或"失匕"。匕,古人取食的器具,后代的羹匙由它演变而来。箸,筷子。

zhāng hàn shì yì　　táo qián guī qù
张 翰 适 意①,陶 潜 归 去②。

◎**注释** ①〔张翰适意〕张翰,吴郡吴县(今江苏苏州)人,西晋文学家,任大司马东曹掾(类似秘书的小官)。《世说新语·识鉴》载,张翰在洛阳时,看到秋风刮起,便想起家乡的菰菜羹和鲈鱼脍,说道:"人生贵得适意尔,何能羁宦数千里以要(同'邀',追求)名爵?"于是"命驾便归"。

②〔陶潜归去〕陶渊明,字元亮,入刘宋后改名潜,东晋末南朝宋初期诗人。《晋书·隐逸列传·陶潜》载,陶潜任彭泽县令时,岁末,郡上派督邮到县里来,县吏告诉他"应束带见之","(陶)潜叹曰:'吾不能为五斗米折腰,拳拳事乡里小人邪!'"于是他当天便解下印绶,辞去官职,回乡归隐,同时写了流传千古的《归去来兮辞》。

wèi chǔ nán guǎn　　hàn xiàng dōng gé
魏 储 南 馆①,汉 相 东 阁②。

◎**注释** ①〔魏储南馆〕魏储,魏国的储君。指当太子时的曹丕。建安二十年(215年),在曹操西征汉中之际,曹丕留驻于孟津小城,曾给他的旧交吴质写过一封信(即《与朝歌令吴质书》)。信中说:"每念昔日南皮之游,诚不可忘。……驰骋北场,旅食南馆,浮甘瓜于清泉,沈(沉)朱李于寒水。"南馆,南边的客舍。泛指接待宾客的处所。

②〔汉相东阁〕汉相,指汉武帝的丞相公孙弘。公孙弘少时家贫,曾为富人放猪维持生活。年已花甲时以贤良应征,被任命为博士。七十六岁时被汉武帝任命为

丞相，封为平津侯。《汉书·公孙弘传》："（公孙弘）于是起客馆，开东阁以延贤人。"东阁，东向的小门。后用以称宰相招致、款待宾客之所。

chǔ yuán zhì lǐ　　chén fān xià tà
楚元置醴①，**陈蕃下榻**②。

◎**注释** ①〔楚元置醴〕楚元，指汉高祖刘邦的同父异母弟刘交，封为楚王，谥号为"元"。《汉书·楚元王刘交传》："初，元王敬礼申公等，穆生不耆（嗜）酒，元王每置酒，常为穆生设醴。"醴，甜酒。后以"置醴""设醴"指礼遇贤士。

②〔陈蕃下榻〕陈蕃，东汉名士，曾任乐（lè）安太守。郡人周璆（qiú），高洁之士。除了陈蕃，谁也请不动他。陈蕃特地为他准备一榻，他离去，陈蕃就把此榻撤掉。后来陈蕃做了豫章太守，在郡不接待宾客，只为当地名士徐稺（zhì）特设一榻，也是"去则悬（撤掉，闲置）之"。见《世说新语·德行》刘孝标注引袁宏《后汉纪》和《后汉书·陈蕃传》及《徐稺传》。榻，狭长而较矮的床。

guǎng lì quán yǒng　　wáng bà bīng hé
广利泉涌①，**王霸冰合**②。

◎**注释** ①〔广利泉涌〕广利，即李广利，汉武帝宠妃李夫人之兄。武帝曾以李广利为贰师将军，封海西侯。《东观汉记·耿恭》："贰师将军拔佩刀刺山而飞泉出。"

②〔王霸冰合〕王霸，东汉"云台二十八将"之一。新莽末年，跟从刘秀起兵，长期戍守北部边疆，后封淮陵侯。《后汉书·王霸列传》载，当初刘秀被王莽的部队追到滹（hū）沱河边，过不了河。王霸怕军心动摇，就谎称河面已经结冰了。等刘秀到了河边一看，河面竟然真的结冰了。冰合，河面结冰。

孔_{kǒng} 融_{róng} 坐_{zuò} 满_{mǎn}①，郑_{zhèng} 崇_{chóng} 门_{mén} 杂_{zá}②。

◎**注释** ①〔孔融坐满〕《后汉书·孔融传》："（孔融）常叹曰：'坐上客恒满，樽中酒不空，吾无忧矣。'"坐，通"座"。

②〔郑崇门杂〕郑崇，西汉大臣，哀帝时任尚书仆射。《汉书·郑崇传》载，郑崇曾谏阻哀帝任用外戚，因而得罪了太后和一些大臣。有人诬陷郑崇门庭若市，交接甚杂，疑有图谋不轨之事。于是皇帝责问郑崇："你自己门庭若市，怎么对我这么苛求呢？"郑崇回答道："臣门如市，臣心如水。（臣门如市，形容车马盈门，谒见奔走者甚多。臣心如水，谓为臣者廉洁奉公，心清如水。）愿得考覆（希望您派员审查）。"门杂，意同"门庭若市"。杂，众多。

张_{zhāng} 堪_{kān} 折_{zhé} 辕_{yuán}①，周_{zhōu} 镇_{zhèn} 漏_{lòu} 船_{chuán}②。

◎**注释** ①〔张堪折辕〕张堪，东汉人。任渔阳太守八年，勤政廉洁。《后汉书·张堪传》载，张堪离职时"乘折辕车，布被囊而已"。折辕，车辕折断。形容车的破旧。后用为清官典故。

②〔周镇漏船〕周镇，东晋人。曾任临川郡守，以清廉著称。《世说新语·德行》载，周镇离职回京都时，泊船在临近建康（今南京）的青溪渚（zhǔ）。丞相王导去看他。当时正是夏天，"暴雨卒（cù，突然）至，舫（fǎng，船）至狭小，而又大漏，殆（几乎）无复坐处"。王导见他如此清廉，当即起用为吴兴郡守。

郭_{guō} 伋_{jí} 竹_{zhú} 马_{mǎ}①，刘_{liú} 宽_{kuān} 蒲_{pú} 鞭_{biān}②。

◎**注释** ①〔郭伋竹马〕郭伋，东汉人。王莽时曾做并州牧，有德政，深受百姓爱戴。光武帝时由颍川太守又调并州牧，到任时，百姓"老幼相携，逢迎道路"。"到西河美稷（地名），有童儿数百，各骑竹马，道次迎拜"。见《后汉书·郭伋传》。后用为称颂清官的典故。竹马，旧时儿童游戏时当马骑的竹竿。

②〔刘宽蒲鞭〕刘宽，东汉华（huà）阴（今陕西潼关）人，桓帝时为南阳太守。为人有德量，涵养深厚。《后汉书·刘宽传》："吏人有过，但用蒲鞭罚之，示辱而已，终不加苦。"蒲鞭，用蒲草做的鞭子，打人不疼。

许史侯盛①，韦平相延②。

◎**注释** ①〔许史侯盛〕许史，汉宣帝时外戚许家和史家的并称。许家是汉宣帝皇后家，史家是汉宣帝祖母家。两家权势显赫，共有七人封侯。见《汉书·外戚传》。后借指权门贵戚。

②〔韦平相延〕韦平，西汉韦贤、韦玄成父子与平当、平晏父子的并称。韦、平两家父子相继为相，世所推重。《汉书·平当传》："汉兴，唯韦、平父子至宰相。"颜师古注："韦谓韦贤也。"

雍伯种玉①，黄寻飞钱②。

◎**注释** ①〔雍伯种玉〕东晋干宝《搜神记》卷十一载，杨（也作"扬""阳""羊"）雍伯，洛阳县人。家贫，非常孝顺，乐于助人。有位神仙给了他一斗石子，叫他种下，几年后地里长满玉石，雍伯因此大富，还娶了右北平的大户人家徐氏女为妻。

②〔黄寻飞钱〕《太平御览》卷八三六引《幽明录》："海陵人黄寻，先居家单贫，尝因大风雨，散钱飞至其家……寻后巨富，钱至数千万。"

$$\underset{\text{wáng yǔn qiān lǐ}}{王\ 允\ 千\ 里}^{①},\ \underset{\text{huáng xiàn wàn qǐng}}{黄\ 宪\ 万\ 顷}^{②}。$$

◎**注释** ①〔王允千里〕王允，东汉献帝时任司徒。他成功策划了对董卓的刺杀，后被董卓余党杀死。《后汉书·王允传》载，东汉名士郭泰很赏识王允，说道："王生一日千里，王佐才也。"一日千里，比喻人的才智出众，好比日行千里的骏马。王佐才，辅佐帝王创业治国的人才。

②〔黄宪万顷〕黄宪，东汉人，字叔度。世贫贱，以学行见重于时。《世说新语·德行》载，郭泰曾高度评价黄宪："叔度汪汪如万顷之陂（bēi，池塘），澄之不清，扰之不浊，其器（度量，才干）深广，难测量也。"后以"万顷陂"比喻人气度宏大。

$$\underset{\text{yú fěi cái wàng}}{虞\ 騑\ 才\ 望}^{①},\ \underset{\text{dài yuān fēng yǐng}}{戴\ 渊\ 峰\ 颖}^{②}。$$

◎**注释** ①〔虞騑才望〕虞騑，东晋人。曾任吴兴太守、金紫光禄大夫。《世说新语·品藻》载，丞相王导曾对他说："孔愉有公才而无公望，丁潭有公望而无公才，兼之者其在卿乎？"才望，才干与名声。公才公望，相当于三公辅相的才识和名望。

②〔戴渊峰颖〕戴渊，东晋人。《世说新语·自新》载，戴渊年轻时不务正业，曾"在江淮间攻掠商旅"。一次，文学家陆机度完假返回洛阳，"辎重甚盛"。戴渊"使少年掠劫，渊在岸上据胡床指麾（huī），左右皆得其宜。渊既神姿峰颖，虽处鄙事，神气犹异"。陆机当即劝说戴渊，使他从此改邪归正。后经陆机推荐，戴渊"仕至征西将军"。峰颖，犹言锋芒、尖子。比喻出类拔萃的人才。峰，通"锋"。

$$\underset{\text{shǐ yú chù bìn}}{史\ 鱼\ 黜\ 殡}^{①},\ \underset{\text{zǐ náng chéng yǐng}}{子\ 囊\ 城\ 郢}^{②}。$$

◎**注释** ①〔史鱼黜殡〕史鱼，卫灵公时史官。黜殡，在内室殡殓（liàn），不居正堂。《韩诗外传》卷七："卫大夫史鱼病且（将）死，谓其子曰：'我数（shuò）言蘧（qú）伯玉之贤而不能进，弥子瑕不肖（xiào）而不能退。为人臣生不能进贤而退不肖，死不当治丧正堂，殡我于室足矣。'卫君问其故，子以父言闻。君造然（不安貌）召蘧伯玉而贵之，而退弥子瑕；徙殡于正堂，成礼而后去。"这是历史上"尸谏"的最早记载。

②〔子囊城郢〕子囊，春秋时楚国令尹（相当于宰相）公子贞的字。《左传·襄公十四年》载，子囊临终时嘱咐儿子子庚一定要把楚国新的都城郢修建好。"君子谓子囊忠。……将死不忘卫社稷，可不谓忠乎！"后以"楚囊之情"谓爱国之情。城郢，把郢城建设好（包括修葺、加固、扩大）。

戴封积薪^①，耿恭拜井^②。
（dài fēng jī xīn，gěng gōng bài jǐng）

◎**注释** ①〔戴封积薪〕戴封，东汉人。先为议郎，后调任西华县令。《后汉书·独行列传·戴封》载，戴封做西华县令时，有一年大旱，祈祷上天降雨不成，"乃积薪坐其上以自焚。火起而大雨暴至，于是远近叹服"。积薪，堆积木柴。

②〔耿恭拜井〕耿恭，东汉人。明帝时驻守西域，担任校尉。《后汉书·耿弇传附耿恭》载，匈奴曾将耿恭所部包围在疏勒城中，截断了城中的水源。"（耿）恭于城中穿井十五丈不得水"，"乃整衣服向井再拜，为吏士祷。有顷，水泉奔出"。

汲黯开仓^①，冯谖折券^②。
（jí àn kāi cāng，féng huān zhé quàn）

◎**注释** ①〔汲黯开仓〕汲黯，西汉初年的名臣。武帝时，一次河内失火，"烧千余家"，武帝派汲黯去查处。他回来向武帝汇报时说：火灾不足忧，我所见到的水灾和旱灾比火灾严重得多，"臣过河内，河内贫人伤水旱万余家，或父子相食"。我临机处置，假传圣旨，开仓放粮，赈济灾民。请您治我的"矫制（假传圣谕行事）"罪吧。武帝念他一片爱民之心，没有追究，还将他"迁为荥（xíng）阳令"，后改中大夫。见《汉书·汲黯传》。

②〔冯骓折券〕冯骓，也作冯谖（xuān）、冯煖（xuān），战国时齐人，是孟尝君门下一位很有战略眼光的食客。折券，毁弃债券，不再索要欠债。据《战国策·齐策四》载，冯骓为孟尝君到薛地收债，临走时问："责（债）毕收，以何市而反（买些什么东西回来）？"孟尝君说："视吾家所寡有者（看我家所缺少的就买来）。"冯骓到了薛地，召集老百姓前来合券（核验契据），然后将债券全部烧毁。百姓都欢呼万岁。回到齐国后，他告诉孟尝君："我看你家吃喝用度、声色犬马一概不缺，你家就缺'义'，这次我为你买了'义'回来。"后以"市义"谓邀买人心，博取正义的名声。

qí jǐng sì qiān　　hé zēng shí wàn
齐景驷千①，何曾食万②。

◎**注释**　①〔齐景驷千〕齐景，即齐景公，春秋时期齐国国君。公元前547年至前490年在位。当时有名相晏婴辅政，国力较强。《论语·季氏》："齐景公有马千驷，死之日，民无德而称焉（人们找不到他的什么好处来称颂他）。"驷千，犹言千乘，四匹马驾的车一千辆。形容车骑之盛。驷，古代一辆车套四匹马，后即用"驷"来称呼一辆车所驾的四匹马或驾四匹马的车。

②〔何曾食万〕何曾，魏晋时大臣。三国魏时，官至司徒。在废曹魏立晋过程中起了重要作用，所以晋初便位至丞相、太尉、太傅，由侯爵晋升为公爵。《晋书·何曾传》载，何曾"性奢豪，务在华侈。……食日万钱，犹曰无下箸（筷子）处"。食万，即"食日万钱"，每天饮食要花费上万的钱。形容饮食极度奢侈。

gù róng xī zhì　　tián wén bǐ fàn
顾荣锡炙①，田文比饭②。

◎**注释**　①〔顾荣锡炙〕顾荣，西晋末年江南士族首脑。晋灭吴后，与陆机、陆云兄弟至洛阳，号称"三俊"。锡炙，赐给烤肉。锡，通"赐"，赐予，给予。炙，烤肉。《世说新语·德行》载，顾荣在洛阳时，曾应邀赴宴。他发觉端送烤肉的人流露出想吃烤肉的表情，就把自己的那份赐给他吃。"同坐嗤（chī，讥笑）之。（顾）荣曰：'岂有终日执之而不知其味者乎？'后遭乱渡江，每经危急，常有一人左右（陪伴在自己左右）。"事后问他为什么总这样做，原来此人就是当年那个接受烤肉赏赐的人。

②〔田文比饭〕田文，战国时齐国贵族，曾两任齐愍（mǐn）王的相国。养士多达数千人，以此名重天下，人称"孟尝君"。《史记·孟尝君列传》载，孟尝君曾招待门客夜食。有一位门客怀疑饭不一样，有贵贱之别，于是怒气冲冲地"辍食辞去。孟尝君起，自持其饭比之"。这位门客看到孟尝君吃的饭和自己的一样，感到错怪了他，便惭愧地自杀了。

zhì guī wā míng　　　yàn lún hè yuàn
稚珪蛙鸣[①]，**彦伦鹤怨**[②]。

◎**注释**　①〔稚珪蛙鸣〕稚珪，即孔稚珪，南朝齐骈文家。《南齐书·孔稚珪传》载，"风韵清疏，好文咏，饮酒七八斗。……门庭之内，草莱不翦（jiǎn，同'剪'），中有蛙鸣"。有人问他：你是不是要做汉朝那个"庭宇芜秽"而不洒扫，只想"扫除天下"的陈蕃呢？孔稚珪笑着回答：我只是把蛙鸣当成两部鼓吹来欣赏，哪里想效仿陈蕃呢？两部鼓吹，指有坐、立两部的乐队演奏的音乐，气势浩大。后借以指蛙鸣。孔稚珪，《南史》作孔珪。

②〔彦伦鹤怨〕周颙（yóng），字彦伦，南朝人，有文才。他曾在钟山隐居，后来又想出来当官。孔稚珪就写了《北山移文》讽刺他，同时揭露和讽刺那些伪装隐居以求利禄的文人，其中有"蕙帐空兮夜鹤（一作'鹄'）怨，山人去兮晓猿惊"的句子。

廉颇负荆①，须贾擢发②。

◎**注释** ①〔廉颇负荆〕廉颇，战国时赵国名将。蔺相如因完璧归赵和渑（miǎn）池之会维护赵国尊严两项大功而位居廉颇之上，廉颇不服。蔺相如为了赵国的利益，处处退让。"廉颇闻之，肉袒负荆，因宾客至蔺相如门谢罪。"两人从此成为刎颈（jǐng）之交。见《史记·廉颇蔺相如列传》。负荆，背负荆条，谓愿受责罚。后以"负荆请罪"为向人赔礼道歉之典。

②〔须贾（gǔ）擢发〕战国时魏人范雎（jū）在魏国中大夫须贾手下做事，遭到他的毁谤，差点儿被打死。后来逃到秦国，改名张禄，做到丞相，权势显赫。魏国听说秦国将要东伐，便命令须贾出使秦国求和。范雎乔装打扮，穿着破衣裳到馆舍去见须贾。须贾见范雎贫窘到如此地步，便赠给他一件用厚缯（zēng，古代对丝织品的统称）制成的袍子。后来才知道范雎就是秦相张禄，便惶恐请罪。范雎问："汝罪有几？"须贾回答说："擢贾之发以续贾之罪，尚未足（拔下我的头发来数我的罪行，也不够用啊）。"范雎想到须贾还有赠袍念旧之情，最终宽恕了他。擢，拔。见《史记·范雎蔡泽列传》。后以"擢发难数"形容罪行之多。

孔翊绝书①，申嘉私谒②。

◎**注释** ①〔孔翊绝书〕孔翊，晋朝人，曾任洛阳县令。绝书，拒绝请托的书信。相传他曾经"置水于庭，得求嘱书（托关系走后门的书信），皆投水中，一无所发"。见清代王仁俊辑《晋先贤传》。

②〔申嘉私谒〕申嘉，即申屠嘉，西汉人。孝惠帝时，任淮阳郡守。孝文帝时，先升任御史大夫，后为丞相。为人廉洁正直，在家里不接受私事拜访。见《史记·张丞相列传附申屠嘉》。私谒，私人拜访。

渊明把菊①，真长望月②。

◎**注释** ①〔渊明把菊〕渊明，陶渊明，即陶潜。南朝宋檀道鸾《续晋阳秋》载，陶潜在九月初九重阳节那天没有酒喝，便从宅边的菊花丛中"摘菊盈把"。他在花丛旁边坐了很长时间，远远望见白衣小吏赶来，原来是江州刺史王弘派人来送酒。他马上就喝起来，喝醉了才回家。

②〔真长望月〕真长，东晋刘惔（dàn）的字。刘惔曾任丹阳尹。《世说新语·言语》："刘尹云：'清风朗月，辄思玄度。'"原来东晋隐士许珣（字玄度）到京都时，住在刘真长处。许玄度死后，刘真长曾到他住过的地方望月思友，说了这句话。

子房取履①，释之结袜②。

◎**注释** ①〔子房取履〕子房，即张良，字子房。他是汉高祖刘邦的重要谋臣，汉朝的开国元勋。取履，谓代人拾鞋，比喻屈己尊人。《史记·留侯世家》载，张良曾在下邳（pī）桥上闲游，遇到一位老翁。老翁故意将鞋甩到桥下，让张良到桥下拾鞋并给他穿上。张良见他年老，便忍住怒气照办了。老人认为"孺子可教矣"，就传给他《太公兵法》。

②〔释之结袜〕释之，即张释之，汉高祖时任廷尉。结袜，系（jì）袜带。《史记·张释之冯唐列传》载，当时有一位精通黄老学说的贤士，叫王生。一次，皇帝召公卿在朝廷上聚会，三公九卿都在那儿站着，王生突然说自己的袜带开了，让张释之给他系上。张释之便跪在地上给老人系上袜带。事后王生说："我不是要羞辱张廷尉。我年老，地位又卑下，帮不了他什么忙，只是想用这个办法来增加他的声望。"这件事一时传为美谈。后以"结袜"为士大夫屈身敬事长者之典。

郭丹约关^①，祖逖誓江^②。

◎**注释** ①〔郭丹约关〕郭丹，东汉人，官至司徒。约关，在关口立下誓约。关，这里指函谷关。《后汉书·郭丹传》载，郭丹"从师长安，买符入函谷关，乃慨然叹曰：'丹不乘使者车，终不出关。'"离家十二年后，郭丹被征为谏议大夫，持节"乘高车出关"，实现了当年在函谷关前的誓约。

②〔祖逖誓江〕祖逖，东晋名将，范阳遒（qiú）县（今河北涞水）人。西晋末年，率亲党数百家南移，迁居京口（今江苏镇江）。公元313年，任豫州刺史，率师北伐。渡江于中流时，他敲击船桨立下誓言：不扫清中原，收复被异族占领的失地，决不回头。见《晋书·祖逖传》。后以"击楫（jí，桨）中流"称颂收复失地、报效国家的决心。江，古代专指长江。

贾逵问事^①，许慎无双^②。

◎**注释** ①〔贾逵问事〕贾逵，东汉经学家、文学家。他小时候对外界的许多事都不懂，碰到什么都问，他的头又长，所以人们说他："问事不休贾长头。"见《东观汉记·贾逵传》。

②〔许慎无双〕许慎，字叔重，东汉经学家、文字学家，博通经籍，有"五经无双许叔重"之称。著有《五经异义》和《说文解字》。见《后汉书·儒林传》。

娄敬和亲^①，白起坑降^②。

◎**注释** ①〔娄敬和亲〕娄敬，汉高祖刘邦的重要谋士，因功赐姓刘。和亲，指封建王朝利用婚姻关系与边疆各族统治者结亲和好。《史记·刘敬叔孙通列传》载，匈奴以三十万骑兵侵扰边疆，刘邦问策于娄敬。娄敬提出和亲之策，即把公主嫁给单

(chán)于。刘邦采纳了他的意见,"取家人子名为长(zhǎng)公主",送给单于为妻,并派娄敬"往结和亲约"。

②〔白起坑降〕白起,战国中期秦国名将,封武安侯。在公元前260年的长平之战中,他率秦军击败赵军,坑杀赵国降卒四十万人,使赵国遭受毁灭性打击,而秦国国力大增,加速了统一全国的进程。见《史记·白起王翦列传》。

xiāo shǐ fèng tái, sòng zōng jī chuāng
萧史凤台①,宋宗鸡窗②。

◎**注释** ①〔萧史凤台〕萧史,传说中人物名。相传为春秋时期秦穆公时人,善于吹箫,能招来孔雀、白鹤。穆公把女儿弄玉嫁给他。萧史每天教弄玉吹箫模仿凤凰的叫声,引得凤凰飞来,纷纷落在他们的屋顶上。穆公筑建凤台,让萧史夫妇住在上面。几年后,夫妇二人随龙凤飞去。见西汉刘向《列仙传》。

②〔宋宗鸡窗〕宋宗,即宋处宗,晋朝人,官兖州刺史。《艺文类聚》卷九一引南朝宋刘义庆《幽明录》载,宋处宗曾经买来一只长鸣鸡,对它非常疼爱,喂养得特别细致周到,常用笼子装起来后把它放到窗下。这只鸡能说人话,和宋处宗谈论,"极有言致,终日不辍(chuò,中断,停止),处宗因此言功大进"。

wáng yáng náng yī, mǎ yuán yì yǐ
王阳囊衣①,马援薏苡②。

◎**注释** ①〔王阳囊衣〕王吉,字子阳,西汉人,官至大司空。他为官清廉,除喜好装饰车马外,别无余财,离任时车上所载仅有一袋衣物而已。见《汉书·王吉传》。后以"囊衣"为居官不蓄财的典故。

②〔马援薏苡〕马援,东汉初将领。薏苡,一年生或多年生草本植物,籽粒(薏苡仁)含淀粉,供食用、酿酒并入药。《后汉书·马援传》载,光武帝建武十七年(41年),马援任伏波将军,南征交趾(今越南北部),"常饵(吃)薏苡实,用能轻身省欲,以胜瘴气"。率军凯旋时,马援带回一车薏苡做种子。他死后,有人竟

诬陷他从南方带回来的是一车明珠和犀牛角。

liú zhěng jiāo zhì　　wǔ lún shí qǐ
刘 整 交 质①，**五 伦 十 起**②。

◎**注释**　①〔刘整交质〕刘整，南朝梁人，任中军参军。交质，古代列国互相派人为质，作为守信的保证。此处指以物品作抵押。南朝梁任昉《奏弹刘整》载，刘整的哥哥刘寅死后，侄子在他家住了十多天，刘整竟登门向嫂子讨要饭钱。嫂子筹钱还没回来，他竟然把哥哥家中的幨（chān）帷（车上四周的帷帐）拿走做抵押。"人之无情，一何至此！"

②〔五伦十起〕五伦，即第五伦（复姓第五，名伦）。东汉名臣，官至司徒，以廉洁奉公著称。《后汉书·第五伦列传》载，有人问第五伦有没有私心。他说："我哥哥的孩子得了病，我一夜去十次，回来可以安然入睡；我自己的儿子得了病，我虽然没去探视，但整夜睡不着觉。这怎么能说我没有私心呢？"

zhāng chǎng huà méi　　xiè kūn zhé chǐ
张 敞 画 眉①，**谢 鲲 折 齿**②。

◎**注释**　①〔张敞画眉〕张敞，西汉大臣，官至京兆尹。画眉，以黛描饰眉毛。《汉书·张敞传》："（张）敞无威仪……为妇画眉。"

②〔谢鲲折齿〕谢鲲，字幼舆。东晋名士，谢安的伯父。《晋书·谢鲲传》载，谢鲲性格放荡，行为不检点。"邻家高氏女有美色"，谢鲲曾去她家调戏她，"女投梭，折其两齿"。当时人们说："任达（放荡）不已，幼舆折齿。"后用为调戏妇女被拒而受惩的典故。

盛彦感螬^①，姜诗跃鲤^②。

◎**注释** ①〔盛彦感螬〕盛彦，晋代孝子。《晋书·孝友列传·盛彦》载，盛彦年轻时"有异才"，但母亲"因疾失明，彦每言及，未尝不流涕。于是不应辟召，躬自侍养"。母亲病久心烦，婢女少不了挨打受骂。婢女心生怨恨，就喂王氏烤蛴（qí）螬（金龟子的幼虫，有地蚕、土蚕等名称）吃。王氏觉得很好吃，但怀疑不是好东西，就留了一点儿等盛彦回来给他看。盛彦见母亲竟然吃这种东西，心疼得哭昏过去。等他醒过来时，母亲的眼睛竟然复明了。

②〔姜诗跃鲤〕东汉孝子姜诗的母亲喜欢吃江中的鱼，姜诗夫妇就常常捉鱼做给母亲吃，并招呼邻居的老妇人一块儿吃。一天，屋旁忽然有一股泉水涌出，味如江水。从此，每天早上就会随着泉水跳出一对鲤鱼来。事见《后汉书·列女传·姜诗妻》。

宗资主诺^①，成瑨坐啸^②。

◎**注释** ①〔宗资主诺〕宗资，东汉南阳安众（今河南邓州附近）人，桓帝时任汝南太守。主诺，古代地方长官对下属意见签字表示同意，称为"主诺"。《后汉书·党锢列传》载，宗资聘范滂（pāng）为功曹。范滂（字孟博）少年时便怀澄清天下之志，疾恶如仇，为官清厉，办事干练。宗资对他非常信任，政务多委托他办理，而自己只是在文件上签字。这样，范滂似乎成了实际上的汝南太守。所以百姓传言："汝南太守范孟博，南阳宗资主画诺。"

②〔成瑨坐啸〕成瑨，东汉弘农（今河南灵宝北）人，桓帝时任南阳太守。啸，撮（cuō）口放出长而清越的声音，即吹口哨。《后汉书·党锢列传》载，成瑨聘岑晊（zhì）为功曹。岑晊（字公孝）才高而有大志，为官不畏权势，不避豪强。当时人们说："南阳太守岑公孝，弘农成瑨但坐啸（闲坐无事吹口哨）。"意思是成瑨把公务都交给岑晊办了，岑晊似乎成了南阳的太守。后以"坐啸"指为官清闲或不理政事。

bó chéng cí gēng　　yán líng qù diào
伯 成 辞 耕①，严 陵 去 钓②。

◎**注释**　①〔伯成辞耕〕伯成（复姓），即伯成子高，唐尧时人。相传尧治天下，立他为诸侯。舜禅位给禹时，伯成子高对禹说："昔尧治天下，不赏而民劝，不罚而民畏，今子赏罚而民且不仁。德自此衰，刑自此立，后世之乱自此始矣。"于是伯成子高辞去诸侯之位，隐居耕种。见《庄子·天地》。

②〔严陵去钓〕严陵，即严光，字子陵，年轻时与刘秀同学。刘秀即位为东汉光武帝后，严光便隐名换姓，避至他乡，后归隐富春山（今浙江桐庐境内）耕读垂钓。见《后汉书·逸民列传·严光》。

dǒng yù sān yú　　qiáo zhōu dú xiào
董 遇 三 余①，谯 周 独 笑②。

◎**注释**　①〔董遇三余〕董遇，三国时魏人，明帝时官至侍中、大司农。《三国志·魏书·王朗传附王肃》注引《魏略》载，董遇对人说，读书要利用"三余"，即"冬者岁之余，夜者日之余，阴雨者时之余也"。也就是说，要充分利用冬闲时、夜间和阴雨天读书。后以"三余"泛指空闲时间。

②〔谯周独笑〕谯周，三国时期蜀汉大臣，儒学大师和史学家。《三国志·蜀书·谯周传》载："（谯周）诵读典籍，欣然独笑，以忘寝食。"

jiāng lǘ yǎng tiān　　wáng líng hū miào
将 闾 仰 天①，王 凌 呼 庙②。

◎**注释**　①〔将闾仰天〕将闾，秦始皇之子。《史记·秦始皇本纪》载，秦二世胡亥在赵高和李斯的支持下阴谋夺得帝位后，便把公子将闾兄弟三人囚禁在内宫，然后判其死罪，派人监督他们自杀。"将闾乃仰天大呼'天'者三，曰：'吾无罪！'昆弟三人皆流涕，拔剑自杀。"

②〔王凌呼庙〕王凌，三国时魏国太尉。因密谋废齐王，立楚王曹彪，被司马懿发觉而被迫自杀。《三国志·魏书·王凌传》注引干宝《晋纪》载，王凌路过贾逵祠时，大呼道："王凌固忠于魏之社稷者，唯尔有神，知之。"意思是说，自己的出发点是好的，是为了给魏国立一个好皇帝。但这恰恰是司马懿反感的，因那时司马懿想篡位，只盼皇帝无能才好。

二疏散金①，陆贾分橐②。

◎**注释** ①〔二疏散金〕二疏，指西汉疏广和侄子疏受。疏广因博通经史，被朝廷征为博士，宣帝时选为太子太傅。疏受也被选为太子家令，后升为太子少傅。二人并称朝中"二疏"，很是荣耀。五年后，叔侄一起称病辞官，回到家乡，用皇上所赐之金每天"设酒食，请族人故旧宾客，与相娱乐"。见《汉书·疏广传》。

②〔陆贾（gǔ）分橐〕陆贾，西汉初政论家。早年随刘邦平定天下，官至太中大夫。刘邦即帝位后，他受命出使南越，说服尉佗接受汉朝赐予的南越王印，称臣归汉。临行时，尉佗送给他一袋珠宝。橐，口袋。《史记·郦生陆贾列传》载，孝惠帝时，吕太后掌权，要封吕氏诸人为王。陆生自度（duó）不能抗争，就告病回家，拿出尉佗当初给他的珠宝，卖了钱分给儿子们，让他们自谋生计。

慈明八龙①，祢衡一鹗②。

◎**注释** ①〔慈明八龙〕荀爽，字慈明，东汉颍川颍阴（今河南许昌）人。荀氏为颍阴望族。荀爽兄弟八人均有才名。《后汉书·荀淑传》："有子八人：俭、绲、靖、焘、汪、爽、肃、专，并有名称，时人谓之'八龙'。"荀爽幼而好学，通《春秋》和《论语》，颍川人称赞说："荀氏八龙，慈明无双。"后用"八龙"称扬人家子弟或弟兄。

②〔祢衡一鹗〕祢衡，东汉末年名士、文学家。与孔融、杨德祖等人亲善。性

情刚直，恃才傲物，曾触怒曹操，后被江夏太守黄祖所杀。鹗，通称鱼鹰，爪锐利，性凶猛，捕食鱼类。孔融曾上表向曹操推荐祢衡："鸷鸟（凶猛的鸟）累伯（百），不如一鹗。使衡立朝，必有可观。"见《文选·孔文举〈荐祢衡表〉》。后用以比喻出类拔萃的人物。

<u>不占殒车</u>①，<u>子云投阁</u>②。
bù zhān yǔn chē　　zǐ yún tóu gé

◎ **注释**　①〔不占殒车〕不占，即陈不占，春秋时齐国人。殒，死。《新序·义勇》载，齐国大夫崔杼（zhù）杀庄公立景公时，有个叫陈不占的人听说国君有难，要去救援。但他体弱力衰，到了战斗的地方竟活活吓死在车里。人们说他有"仁者之勇"。

②〔子云投阁〕扬雄，字子云，西汉文学家、哲学家、语言学家。投阁，从（天禄）阁上跳下来。《汉书·扬雄传》载，王莽杀甄丰父子，流放刘棻（fēn），牵连了很多人。扬雄当过刘棻的老师，怕受牵连，在王莽派人来搜捕他时，就从天禄阁上跳了下去逃跑，差点儿摔死。

<u>魏舒堂堂</u>①，<u>周舍谔谔</u>②。
wèi shū táng táng　　zhōu shè è è

◎ **注释**　①〔魏舒堂堂〕魏舒，西晋人，为相国参军。堂堂，形容体貌壮伟。《晋书·魏舒传》载，魏舒"少孤"，寄养在外祖父宁氏家。司马昭"深器重之，每朝会坐罢，目送之曰：'魏舒堂堂，人之领袖也。'"到晋武帝时，魏舒任司徒。

②〔周舍谔谔〕周舍，春秋时晋国大夫赵简子的属臣。性刚直，敢直谏。谔谔，直言争辩的样子。《史记·赵世家》载，周舍死后，"简子每听朝，常不悦，大夫请罪。简子曰：'大夫无罪。吾闻千羊之皮不如一狐之腋。诸大夫朝，徒闻唯唯，不闻周舍之鄂鄂（同"谔谔"），是以忧也。'"

$$\text{无盐如漆}^{①}，\text{姑射若冰}^{②}。$$

◎**注释** ①〔无盐如漆〕无盐，复姓钟离，名春，春秋时齐国无盐人。历史上著名的丑妇，皮肤黑，但能力超群，四十岁时因忠言极谏而被齐宣王立为王后。在她的辅佐下，齐宣王罢宴乐、除佞臣、强兵马、富国库，使齐国强盛一时。见西汉刘向《列女传·齐钟离春》。

②〔姑射（yè）若冰（níng）〕姑射，山名，在山西临汾西，即古石孔山，有九孔相通。神话传说"藐姑射之山，有神人居焉，肌肤若冰（níng，'凝'的本字）雪，绰约若处（chǔ）子（处女）"。见《庄子·逍遥游》。后诗文中以"姑射"为神仙或美人的代称。冰雪，脂膏，用以形容肌肤洁白滑润。

$$\text{邾子投火}^{①}，\text{王思怒蝇}^{②}。$$

◎**注释** ①〔邾子投火〕邾子，春秋时期邾国的国君邾庄公。投火，指跳下来摔到炉火上。《左传·定公三年》载，邾庄公在殿门口看见守门人用瓶里的水洒扫庭院地面，非常生气。守门人说："是为了冲刷夷射姑（邾庄公的大臣）在这儿尿的尿。"邾庄公就命人捉拿夷射姑，没抓到。他更生气了，从床上跳下来，不小心摔到炭炉上，竟致皮肉烧伤溃烂，不治而亡。

②〔王思怒蝇〕王思，三国时魏国人，官至九卿，封列侯。《三国志·魏书·梁习传》注引《魏略》载，王思性情急躁。他曾提笔写信，有几只苍蝇落在笔尖上，赶走了再来，一而再，再而三，怎么也赶不走。王思非常愤怒，便站起身来追着打苍蝇，可就是打不着。于是他气得抓起笔来摔到地上，用脚猛踩。

苻朗皂白①，易牙淄渑②。

◎**注释** ①〔苻朗皂白〕苻朗，十六国时前秦人。官至青州刺史，降晋后，加员外散骑侍郎。皂白，黑与白。这里是说苻朗善于辨识味道，吃鹅肉能"知黑白之处"。《晋书·苻朗载记》："（苻朗）善识味……又食鹅肉，知黑白之处。人不信，记而试之，无豪（毫）厘之差。"苻，《全唐诗》存本作"符"，未从。

②〔易牙淄渑（shéng）〕易牙，春秋时齐桓公的宠臣。长于调味，善于逢迎，传说曾烹煮自己的儿子做成肉羹献给齐桓公。淄渑，淄水和渑水的并称，都在今山东省。相传二水味道不同，混合后则难以辨别，只有易牙能够分辨出来。《吕氏春秋·审应览·精谕》："孔子曰：'淄渑之合者，易牙尝而知之。'"

周勃织薄①，灌婴贩缯②。

◎**注释** ①〔周勃织薄〕周勃，秦末汉初的军事家和政治家、西汉开国功臣，被汉高祖封为绛侯。织薄，编织薄曲（养蚕的器具，多用竹篾或苇篾编制）。薄，通"箔"。《史记·绛侯周勃世家》："勃以织薄曲为生。"

②〔灌婴贩缯〕灌婴，睢阳（今河南商丘南）人，西汉开国功臣。原为布贩，秦二世二年（前208年）投奔刘邦，以力战骁勇著称。历任汉车骑将军、御史大夫、太尉、丞相，封颍阴侯。贩缯，贩卖丝绸。《史记·樊郦滕灌列传》："颍阴侯灌婴者，睢阳贩缯者也。"后以"贩缯"指未发达时身居下层。

马良白眉①，阮籍青眼②。

◎**注释** ①〔马良白眉〕马良，字季常，三国时期蜀汉名臣，蜀将马谡（sù）之兄。兄弟五人，均有才名，而他们的字中都有"常"字。马良眉中有白毛，家乡人说："马氏五常，白眉最良。"见《三国志·蜀书·马良传》。

②〔阮籍青眼〕阮籍，三国魏文学家、思想家，为"竹林七贤"之一。青眼，眼睛正着看，黑眼珠在中间，是对人喜爱或重视的一种表情。《晋书·阮籍传》："籍又能为青白眼，见礼俗之士，以白眼对之。（阮母去世）及嵇喜来吊，籍作白眼，喜不怿（yì，欢喜，高兴）而退。喜弟康闻之，乃赍（jī，拿，抱）酒携琴造焉，籍大悦，乃见青眼。"

qíng bù kāi guān　　zhāng liáng shāo zhàn
<u>黥　布　开　关</u>①，<u>张　良　烧　栈</u>②。

◎**注释**　①〔黥布开关〕黥布，即英布。因受黥刑（在脸上刺字），又称黥布。初属项羽，封九江王，后叛楚归汉，被封为淮南王。与韩信、彭越并称汉初三大名将。开关，打开函谷关。《史记·黥布列传》载，项羽率军到新安，"又使（黥）布等夜击坑章邯秦卒二十余万人。至（函谷）关，不得入"，于是又派黥布率部从小路攻进函谷关。这样，刘邦才得以进入函谷关，到达咸阳。

②〔张良烧栈〕张良，刘邦的重要谋士，西汉的开国功臣。烧栈，烧绝栈道（在悬崖绝壁上凿孔支架木桩，铺上木板而成的窄路）。项羽自立为西楚霸王后，立刘邦为汉王。张良劝说刘邦烧绝栈道，以防备诸侯西进侵犯，还能向项羽表示"无东意（没有向东部发展与项羽争夺天下的意向）"。刘邦听从张良的计策，烧毁了栈道。见《史记·留侯世家》。

chén yí fàn gǎn　　táo kǎn jiǔ xiàn
<u>陈　遗　饭　感</u>①，<u>陶　侃　酒　限</u>②。

◎**注释**　①〔陈遗饭感〕东晋末年，陈遗曾做吴郡主簿。他为人非常孝顺。《世说新语·德行》载，陈遗的母亲爱吃铛（chēng）底焦饭（锅巴），他就常携着一只布口袋，每到煮饭时，都把锅巴存到布袋里，等攒满一口袋后带回家给母亲。后逢孙恩作乱，要马上出征，而这时陈遗"已聚敛得数斗焦饭"，还没来得及回家，就带着这

些锅巴跟着军队走了。结果打了败仗,"军人溃散,逃走山泽,皆多饥死。(陈)遗独以焦饭得活。时人以为纯孝之报也"。

②〔陶侃酒限〕陶侃,东晋江、荆二州刺史,加征西大将军,都督八州诸军事。《晋书·陶侃传》:"侃每饮酒有定限。常欢有余而限已竭(酒兴未尽而定量已完)。"有人劝他再喝一点儿,他"凄怀良久曰:'年少曾有酒失,亡亲见约(父母生前有过诚约),故不敢逾。'"限,定量。

楚昭萍实①,束皙竹简②。
（chǔ zhāo píng shí, shù xī zhú jiǎn）

◎ **注释** ①〔楚昭萍实〕楚昭,即楚昭王,春秋时期楚国国君。西汉刘向《说苑·辨物》载,楚昭王渡江时,见到一种大如斗的东西碰到自己的船并停在船里。昭王"大怪之",派人去问孔子这是什么东西。孔子说:"这种东西叫萍实,要切开它吃。只有能成就霸业的人才能得到它。现在你们的昭王得到它,这是吉祥的事啊!"

②〔束皙竹简〕束皙,西晋文学家,官尚书郎。他精通古文字,能辨析"汲冢书"的文义,参与整理《竹书纪年》。《晋书·束皙传》载,当时有人在嵩(sōng)高山下得到一枚竹简,上面有两行蝌蚪文。大家传看,谁也不认识。司空张华拿去问束皙,束皙说:"此汉明帝显节陵中策文也。"经过核验,果然如此。时人对他的广博学识都很佩服。

曼倩三冬①,陈思七步②。
（màn qiàn sān dōng, chén sī qī bù）

◎ **注释** ①〔曼倩三冬〕东方朔,字曼倩,西汉文学家。三冬,即三年。《汉书·东方朔传》载,东方朔曾给汉武帝上书,说自己"年十三学书,三冬文史足用(三年所学的文史知识足可以应试了)"。

②〔陈思七步〕陈思,指曹植,三国时魏国诗人。曹操之子。曾被迁封过多次,最后的封地在陈留郡,卒谥思,所以后人称之为"陈王"或"陈思王"。《世说新

语·文学》载，魏文帝曹丕曾令弟弟曹植在七步内作成一首诗，"不成者行大法（重刑，即死刑）"。曹植"应声便为诗曰：'煮豆持作羹，漉（lù）菽以为汁；其在釜下然（"燃"的本字），豆在釜中泣；本自同根生，相煎何太急！'帝深有惭色。"

liú chǒng yì qián　　lián fàn wǔ kù
刘　宠　一　钱①，廉　范　五　袴②。

◎**注释**　①〔刘宠一钱〕刘宠，东汉人，官至司徒、太尉，为政清廉。早年曾任会稽太守，政绩卓著。升职入京前，山阴县（会稽郡府所在，即今浙江绍兴）有五六位须眉皓白的老人特意从乡下赶来给他送行，每人带了百文钱相赠。他不肯接受，只是从每人钱中各留下一枚大钱，以表示领受百姓的美意。因此，后人称他为"一钱太守"。见《后汉书·循吏传》。

②〔廉范五袴〕廉范，字叔度，东汉人。五袴，也作"五绔""五裤"。《后汉书·廉范传》载，东汉章帝建初年间（76—83），廉范任蜀郡太守。郡中"旧制禁民夜作，以防火灾"。廉范到任后，为了发展生产，废除了旧制，允许百姓夜间做工，只要求家家储水以防火灾。百姓感谢他的便民惠民政策，编歌唱道："廉叔度，来何暮？不禁火，民安作。平生无襦（rú，短衣）今五绔。"

fán yù zì gū　　xī jiàn tǔ bǔ
氾　毓　字　孤①，郗　鉴　吐　哺②。

◎**注释**　①〔氾毓字孤〕氾毓，西晋济北卢县（今山东长清西南）人，客居青州。他热心抚养孤儿，情操高尚。字孤，养育、抚爱孤儿。《文选·任昉〈奏弹刘整〉》："氾毓字孤，家无常子。"李善注引"王隐《晋书》曰：'氾毓……敦睦九族……儿无常母，衣无常主也。'"

②〔郗鉴吐哺〕郗鉴，高平金乡（今山东金乡北）人。东晋重臣，官至太尉。晋怀帝永嘉五年（311年），发生"永嘉之乱"，匈奴贵族刘聪派石勒歼灭晋军十余万人，又派刘曜（yào）攻进洛阳，俘虏怀帝，纵兵烧掠，杀王公士民三万余人。在

"永嘉之乱"中,郗鉴被宗族乡人共推为主。他率千余家人避居峄(yì)山(今山东邹城),三年间,聚民数万。《世说新语·德行》载,"永嘉之乱"发生后,郗鉴家"甚穷馁"。乡亲们敬重他,便轮流管他的饭。他常带着侄子和外甥这两个孩子一起去吃。乡邻们说:"现在大家都困难,因为您贤达,我们才省出粮食来供养您。那俩孩子可管不了了。"郗鉴从此每天一个人去吃饭,回来时就"含饭著两颊边",到家后吐出来给两个孩子吃。

苟弟转酷^①,严母扫墓^②。

◎**注释** ①〔苟弟转酷〕苟弟,指苟纯,西晋人,苟晞(xī)的弟弟。《晋书·苟晞传》载,苟晞任青州刺史时,"以严刻立功,日加斩戮,流血成川,人不堪命,号曰'屠伯'"。可苟纯继任青州刺史后,杀人比他还厉害。于是百姓们说:"小苟酷于大苟。"转,更加。

②〔严母扫墓〕严延年,西汉东海下邳(今江苏邳州)人。汉宣帝时,任河南太守,大力摧折豪强,诛杀甚众,被称为"屠伯"。他的母亲从东海来看他,正赶上他处决犯人。母亲大惊,警告他说:天道神明,多杀人者,自己也活不成。想不到我这老年人要看见壮年的儿子被杀了。我得赶紧离开你回老家,为你"埽(同'扫')除墓地(把地清扫干净,准备好墓地)耳"。一年后,严延年果然被杀。事见《汉书·酷吏传·严延年》。

洪乔掷水^①,陈泰挂壁^②。

◎**注释** ①〔洪乔掷水〕洪乔,即殷羡,字洪乔,东晋人,官至光禄勋。他性格刚毅,愤世嫉俗,永和年间任豫章太守。离任时,郡中家在建康(今南京)的百余人托他捎信函。到了建康之后,殷羡把这些信函"悉掷水中,因祝曰:'沈(沉)者自沈,浮者自浮,殷洪乔不能作致书邮(送信的邮差)。'"后称不可信托的寄信人为

"洪乔"。见《世说新语·任诞》。

②〔陈泰挂壁〕陈泰，三国时期魏国名将，官至尚书右仆射。挂壁，挂在壁上，比喻搁置不用。陈泰为并州刺史，镇守边关。京城达官贵人"多寄宝货"给他，想通过他买卖奴婢赚黑心钱。陈泰把这些宝货都原封不动地挂在墙上，后来离职，又把礼物一一送还。见《三国志·魏书·陈泰传》。

wáng shù fèn juàn　　xún càn huò nì
<u>王 述</u> 忿 狷①，<u>荀 粲</u> 惑 溺②。

◎**注释**　①〔王述忿狷〕王述，东晋人，官刺史、中书令。袭爵蓝田侯，所以也称王蓝田。忿狷，怨怒。狷，急躁。《世说新语·忿狷》载，"王蓝田性急"。有一次他吃鸡蛋，用筷子扎不上来，"便大怒，举以掷地。鸡子于地圆转未止"，他又用木屐（jī）的齿辗（niǎn）它，还是辗不着。他气得瞪圆了眼睛，从地上把鸡蛋抓起来塞进嘴里，咬破了以后又把它吐出来。

②〔荀粲惑溺〕荀粲，三国魏玄学家，东汉名臣荀彧（yù）的幼子。惑溺，沉迷，沉溺。荀粲娶骠骑将军曹洪之女为妻，夫妻感情很深，不料妻子重病而亡。荀粲沉溺于悲痛之中不能自拔，一年后也去世了，年仅二十九。见《三国志·魏书·荀彧传》注引《晋阳秋》及《世说新语·惑溺》。

sòng nǚ yù jǐn　　jìng jiāng yóu jì
<u>宋 女</u> 愈 谨①，<u>敬 姜</u> 犹 绩②。

◎**注释**　①〔宋女愈谨〕宋女，指女宗，春秋时宋国人鲍苏的妻子。《列女传·贤明·宋鲍女宗》载，女宗侍奉婆母很恭敬。鲍苏在卫国做官三年，又娶了妾，女宗没有心生怨恨，对婆母更加恭敬。她设法打听到丈夫小妾的住处，送去很多生活用品；同时，在家孝敬婆母更加恭谨。宋公听说此事之后表彰了她，在她的里巷题上"女宗"的匾额。

②〔敬姜犹绩〕敬姜，春秋时鲁国大夫公父（fǔ）穆伯的妻子，公父文伯的母亲。《国语·鲁语下》载，文伯做了鲁相之后，敬姜仍然纺线绩麻不停。文伯问母亲

为什么这样苛待自己，敬姜便给他讲劳逸对于国与家的存亡关系，借以警诫儿子不可贪图安逸以致亡国败家。后成为富贵而不忘根本、不求安逸的典故。

$$\text{鲍照篇翰}^{①}，\text{陈琳书檄}^{②}。$$
（bào zhào piān hàn，chén lín shū xí）

◎**注释** ①〔鲍照篇翰〕鲍照，南朝宋文学家。其诗文颇负盛名。篇翰，犹篇章、篇简。一般指诗文。鲍照《拟古三首》之三："十五讽（诵读）《诗》《书》，篇翰靡（mǐ，无）不通。"

②〔陈琳书檄〕陈琳，东汉末年文学家，"建安七子"之一。初仕袁绍，后归曹操。书檄，军国文书。檄，古代用于晓谕、征召、声讨等的文书，特指声讨敌人或叛逆的文书。《三国志·魏书·王粲传》："军国书檄，多（陈）琳、（阮）瑀所作也。"裴松之注引三国魏鱼豢《典略》："琳作诸书及檄，草成呈太祖。太祖先苦头风，是日疾发，卧读琳所作，翕（xī）然而起曰：'此愈我病。'数（shuò）加厚赐。"后因以"陈琳檄"泛指檄文。

$$\text{浩浩万古，不可备甄}^{①}。$$
（hào hào wàn gǔ，bù kě bèi zhēn）
$$\text{芟繁摭华，尔曹勉旃}^{②}。$$
（shān fán zhí huá，ěr cáo miǎn zhān）

◎**注释** ①〔浩浩万古，不可备甄〕从古到今几千年的历史浩瀚无边，那么多的人物和事件是不可能全部地选取的。浩浩，广阔无边的样子。万古，犹远古。备，完备，齐备。甄，选。

②〔芟繁摭华，尔曹勉旃〕删除冗杂，摭取精华，请你们好好读一读吧。芟，删除。摭华，采摘其文章辞藻。摭，收取，采集。尔曹，犹言汝辈、你们。尔，你；曹，辈。勉旃，努力呀。旃，"之焉"的合音字。

附 录

全文诵读

王戎简要,裴楷清通。孔明卧龙,吕望非熊。
杨震关西,丁宽《易》东。谢安高洁,王导公忠。
匡衡凿壁,孙敬闭户。郅都苍鹰,宁成乳虎。
周嵩狼抗,梁冀跋扈。郗超髯参,王珣短簿。
伏波标柱,博望寻河。李陵初诗,田横感歌。
武仲不休,士衡患多。桓谭非谶,王商止讹。
嵇吕命驾,程孔倾盖。剧孟一敌,周处三害。
胡广补阙,袁安倚赖。黄霸政殊,梁习治最。
墨子悲丝,杨朱泣岐。朱博乌集,萧芝雉随。
杜后生齿,灵王出髭。贾谊忌鵩,庄周畏牺。
燕昭筑台,郑庄置驿。瓘靖二妙,岳湛连璧。
郄诜一枝,戴凭重席。邹阳长裾,王符逢掖。
鸣鹤日下,士龙云间。晋宣狼顾,汉祖龙颜。
鲍靓记井,羊祜识环。仲容青云,叔夜玉山。
毛义捧檄,子路负米。江革忠孝,王览友弟。
萧何定律,叔孙制礼。葛丰刺举,息躬历诋。
管宁割席,和峤专车。时苗留犊,羊续悬鱼。

樊哙排闼，辛毗引裾。孙楚漱石，郝隆晒书。

枚皋诣阙，充国自赞。王衍风鉴，许劭月旦。

贺循儒宗，孙绰才冠。太叔辨给，挚仲辞翰。

山涛识量，毛玠公方。袁盎却坐，卫瓘抚床。

于公高门，曹参趣装。庶女振风，邹衍降霜。

范丹生尘，晏婴脱粟。诘汾兴魏，鳖灵王蜀。

不疑诬金，卞和泣玉。檀卿沐猴，谢尚鸲鹆。

泰初日月，季野阳秋。荀陈德星，李郭仙舟。

王忱绣被，张氏铜钩。丁公遽戮，雍齿先侯。

陈雷胶漆，范张鸡黍。周侯山巍，会稽霞举。

季布一诺，阮瞻三语。郭文游山，袁宏泊渚。

黄琬对日，秦宓论天。孟轲养素，扬雄草《玄》。

向秀闻笛，伯牙绝弦。郭槐自屈，南郡犹怜。

鲁恭驯雉，宋均去兽。广客蛇影，殷师牛斗。

元礼模楷，季彦领袖。鲁褒《钱神》，崔烈铜臭。

梁竦庙食，赵温雄飞。枚乘蒲轮，郑均白衣。

陵母伏剑，轲亲断机。齐后破环，谢女解围。

凿齿尺牍，荀勖音律。胡威推缣，陆绩怀橘。

罗含吞鸟，江淹梦笔。李廞清贞，刘𬳿高率。

蒋诩三径，许由一瓢。杨仆移关，杜预建桥。

寿王议鼎，杜林驳尧。西施捧心，孙寿折腰。

灵辄扶轮，魏颗结草。逸少倾写，平子绝倒。

澹台毁璧，子罕辞宝。东平为善，司马称好。

137

公超雾市，鲁般云梯。田单火牛，江逌爇鸡。
蔡裔殒盗，张辽止啼。陈平多辙，李广成蹊。
陈遵投辖，山简倒载。渊客泣珠，交甫解佩。
龚胜不屈，孙宝自劾。吕安题凤，子猷访戴。
董宣强项，翟璜直言。纪昌贯虱，养由号猿。
冯衍归里，张昭塞门。苏韶鬼灵，卢充幽婚。
震畏四知，秉去三惑。柳下直道，叔敖阴德。
张汤巧诋，杜周深刻。三王尹京，二鲍纠慝。
孙康映雪，车胤聚萤。李充四部，井春"五经"。
谷永笔札，顾恺丹青。戴逵破琴，谢敷应星。
阮宣杖头，毕卓瓮下。文伯羞鳖，孟宗寄鲊。
史丹青蒲，张湛白马。隐之感邻，王修辍社。
阮放"八隽"，江泉"四凶"。华歆忤旨，陈群蹙容。
王濬悬刀，丁固生松。姜维胆斗，卢植音钟。
桓温奇骨，邓艾大志。杨修捷对，罗友默记。
杜康造酒，苍颉制字。樗里智囊，边韶经笥。
滕公佳城，王果石崖。买妻耻醮，泽室犯斋。
马后大练，孟光荆钗。颜叔秉烛，宋弘不谐。
邓通铜山，郭况金穴。秦彭攀辕，侯霸卧辙。
淳于炙輠，彦国吐屑。太真玉台，武子金埒。
巫马戴星，宓贱弹琴。郝廉留钱，雷义送金。
逢萌挂冠，胡昭投簪。王乔双凫，华佗五禽。
程邈隶书，史籀大篆。王承鱼盗，丙吉牛喘。

贾琮褰帷，郭贺露冕。冯媛当熊，班女辞辇。

王充阅市，董生下帷。平叔傅粉，弘治凝脂。

杨生黄雀，毛子白龟。宿瘤采桑，漆室忧葵。

韦贤满籝，夏侯拾芥。阮简旷达，袁耽俊迈。

苏武持节，郑众不拜。郭巨将坑，董永自卖。

仲连蹈海，范蠡泛湖。文宝缉柳，温舒截蒲。

伯道无儿，嵇绍不孤。绿珠坠楼，文君当垆。

伊尹负鼎，甯戚叩角。赵壹坎壈，颜驷蹇剥。

龚遂劝农，文翁兴学。晏御扬扬，五鹿岳岳。

萧朱结绶，王贡弹冠。庞统展骥，仇览栖鸾。

葛亮顾庐，韩信升坛。王裒柏惨，闵损衣单。

蒙恬制笔，蔡伦造纸。孔伋缊袍，祭遵布被。

周公握发，蔡邕倒屣。王敦倾室，纪瞻出妓。

暴胜持斧，张纲埋轮。灵运曲笠，林宗折巾。

屈原泽畔，渔父江滨。魏勃扫门，潘岳望尘。

京房推律，翼奉观性。甘宁奢侈，陆凯贵盛。

干木富义，於陵辞聘。元凯"《传》癖"，伯英"草圣"。

冯异大树，千秋小车。漂母进食，孙锺设瓜。

壶公谪天，蓟训历家。刘玄刮席，晋惠闻蟆。

伊籍一拜，郦生长揖。马安四至，应璩三入。

郭解借交，朱家脱急。虞延克期，盛吉垂泣。

豫让吞炭，鉏麑触槐。阮孚蜡屐，祖约好财。

初平起石，左慈掷杯。武陵桃源，刘阮天台。

王俭坠车，褚渊落水。季伦锦障，春申珠履。
甄后出拜，刘桢平视。胡嫔争樗，晋武伤指。
石庆数马，孔光温树。翟汤隐操，许询胜具。
优旃滑稽，落下历数。曼容自免，子平毕娶。
师旷清耳，离娄明目。仲文照镜，临江折轴。
栾巴噀酒，偃师舞木。德润佣书，君平卖卜。
叔宝玉润，彦辅冰清。卫后发鬒，飞燕体轻。
玄石沈湎，刘伶解酲。赵胜谢躄，楚庄绝缨。
恶来多力，飞廉善走。赵孟疵面，田骈天口。
张凭理窟，裴頠谈薮。仲宣独步，子建八斗。
广汉钩距，弘羊心计。卫青拜幕，去病辞第。
郦寄卖友，纪信诈帝。济叔不痴，周兄无慧。
虞卿担簦，苏章负笈。南风掷孕，商受斮涉。
广德从桥，君章拒猎。应奉五行，安世三箧。
相如题柱，终军弃繻。孙晨稾席，原宪桑枢。
端木辞金，钟离委珠。季札挂剑，徐稚致刍。
朱云折槛，申屠断鞅。卫玠羊车，王恭鹤氅。
管仲随马，仓舒称象。丁兰刻木，伯瑜泣杖。
陈逵豪爽，田方简傲。黄向访主，陈寔遗盗。
庞俭凿井，阴方祀灶。韩寿窃香，王濛市帽。
勾践投醪，陆抗尝药。孔愉放龟，张颢堕鹊。
田豫俭素，李恂清约。义纵攻剽，周阳暴虐。
孟阳掷瓦，贾氏如皋。颜回箪瓢，仲蔚蓬蒿。

糜竺收资，桓景登高。雷焕送剑，吕虔佩刀。
老莱斑衣，黄香扇枕。王祥守柰，蔡顺分椹。
淮南食时，左思十稔。刘惔倾酿，孝伯痛饮。
女娲补天，长房缩地。季珪士首，长孺国器。
陆玩无人，贾诩非次。何晏神伏，郭奕心醉。
常林带经，高凤漂麦。孟嘉落帽，庾凯堕帻。
龙逢板出，张华台坼。董奉活燮，扁鹊起虢。
寇恂借一，何武去思。韩子《孤愤》，梁鸿《五噫》。
蔡琰辨琴，王粲覆棋。西门投巫，何谦焚祠。
孟尝还珠，刘昆反火。姜肱共被，孔融让果。
端康相代，亮陟隔坐。赵伦瘤怪，梁孝牛祸。
桓典避马，王尊叱驭，晁错峭直，赵禹廉倨。
亮遗巾帼，备失匕箸。张翰适意，陶潜归去。
魏储南馆，汉相东阁。楚元置醴，陈蕃下榻。
广利泉涌，王霸冰合。孔融坐满，郑崇门杂。
张堪折辕，周镇漏船。郭伋竹马，刘宽蒲鞭。
许史侯盛，韦平相延。雍伯种玉，黄寻飞钱。
王允千里，黄宪万顷。虞骏才望，戴渊峰颖。
史鱼黜殡，子囊城郢。戴封积薪，耿恭拜井。
汲黯开仓，冯骥折券。齐景驷千，何曾食万。
顾荣锡炙，田文比饭。稚珪蛙鸣，彦伦鹤怨。
廉颇负荆，须贾擢发。孔翊绝书，申嘉私谒。
渊明把菊，真长望月。子房取履，释之结袜。

郭丹约关，祖逖誓江。贾逵问事，许慎无双。
娄敬和亲，白起坑降。萧史凤台，宋宗鸡窗。
王阳囊衣，马援薏苡。刘整交质，五伦十起。
张敞画眉，谢鲲折齿。盛彦感螬，姜诗跃鲤。
宗资主诺，成瑨坐啸。伯成辞耕，严陵去钓。
董遇三余，谯周独笑。将闾仰天，王凌呼庙。
二疏散金，陆贾分橐。慈明八龙，祢衡一鹗。
不占殒车，子云投阁。魏舒堂堂，周舍谔谔。
无盐如漆，姑射若冰。郈子投火，王思怒蝇。
苻朗皂白，易牙淄渑。周勃织薄。灌婴贩缯。
马良白眉，阮籍青眼。黥布开关，张良烧栈。
陈遗饭感，陶侃酒限。楚昭萍实，束皙竹简。
曼倩三冬，陈思七步。刘宠一钱，廉范五袴。
氾毓字孤，郗鉴吐哺。苟弟转酷，严母扫墓。
洪乔掷水，陈泰挂壁。王述忿狷，荀粲惑溺。
宋女愈谨，敬姜犹绩。鲍照篇翰，陈琳书檄。
浩浩万古，不可备甄。芟繁撷华，尔曹勉旃。